北大国文课

北京大学中国语文学系 编

图书在版编目(CIP)数据

北大国文课 / 北京大学中国语文学系编.
-- 北京：团结出版社，2020.10
ISBN 978-7-5126-8354-9

Ⅰ.①北… Ⅱ.①北… Ⅲ.①国学—高等学校—教材
Ⅳ.①Z126

中国版本图书馆CIP数据核字(2020)第198405号

出版：团结出版社
（北京市东城区东皇城根南街84号 邮编：100006）
电话：(010) 65228880　65244790　（传真）
网址：www.tjpress.com
Email：65244790@163.com
经销：全国新华书店
印刷：大厂回族自治县德诚印务有限公司

开本：145×210　1/32
印张：8.75
字数：150千字
版次：2020年12月　第1版
印次：2020年12月　第1次印刷

书号：978-7-5126-8354-9
定价：42.00元

前 言

这本《北大国文课》原名为《北京大学国文选》,为北京大学中国语文学系在二十世纪四十年代编著,为全校大一以及先修班使用的教材。先修班是指上世纪四十年代,为提高大学程度,对大学低年级学生进行大学预备训练的机构。

北京大学中国语文学系的前身是京师大学堂中国文学门。1931年,胡适出任北京大学文学院院长。1934年,胡适兼任国文系主任,大力推进新文学进入课程的规划,在开设有关新文学课程的同时,也力图介入当时的新文学活动中,在新旧文学当中寻找一个平衡点。北京大学在京复校后,胡适就任校长。

时任北大文学院院长胡适曾说过:"文学有三方面:一是历史的,二是创造的,三是鉴赏的。历史的研究固甚重要,但创造方面更是重要,而鉴赏和批评也是不可偏废的。"这部国文课教材,与胡适的注重文学史、注重新文学因素是相契合的。但是实际上胡适偏向了"历史"。他认为应该注重"历史之系统,现在国文系定有唐宋诗、元朝文等课程,吾人不应仅就一二人加以研究,有应研究其历史之变迁"。

于是,胡适就着手改革国文系课程,并有意推行新文学作品进入课程。从此以后,北大国文系基本上确立了以文学史为主体的课程框架,也为当时教育部所采用。

这部国文课主要以文学欣赏性来选取文章,周昀认为"该书从诗的文学传统,一直到新文学的新事物——丁燮林的戏剧、林徽因的散文,这是胡适眼中一条清晰的中国文学史发展脉络"。毫无疑问,这部国文课对于培养学生的文学欣赏能力具有重要意义。

本书选录了古代诗词、古代散文、现代小说、现代戏剧和现代散文等几大类,说明不仅重"文"重"语",而且从所选取的篇章来看,在内容和思想方面体现上,更多的是表现欣赏性特点的文学作品,旨在使学生在学习过程中陶冶情操,培植本根。

该书编排层次分明、古今并收,而且对于《诗经》和《楚辞》这两部先秦经典,选取当中经典的篇目,第四组则选取了鲁迅《狂人日记》《示众》、徐志摩《我所知道的康桥》、胡适《我们对于西洋文明的态度》《辩伪举例——蒲松龄的生年考》、丁燮林《压迫》、林徽因《窗子以外》、朱光潜《咬文嚼字》、冯至《一个消逝了的山村》等现代白话文,这有利于系统地培养学生的阅读能力、写作能力和欣赏能力。

本书根据1946年《北京大学国文选》予以整理出版。原书分为上、下两册,每册又分为两组,共四组,每组有若干篇文章。今装订成一册,每组改为每编。此外,根据实际,适当调整目录以及内文。原书当中存在的缺漏予以补充完整,如柳宗元《始得西山宴游》缺"卧而梦"三字,现予以补充完整,以期全文通顺流畅。又如丁西林(原名丁燮林)《压迫》原文中并没有收录《纪念刘叔和》一文,现予以补上,以图该篇文章更加完整,从而使得读者了解作者的创作背景。

  为了便于现代读者阅读,改原来的繁体竖排为简体横排,改正了其中明显的错讹。由于编者水平所限,其中定有不妥之处,请读者诸君指正。

编 者

目 录

第一编

诗六篇 …………………………………… 3
 氓(《卫风》) …………………………… 3
 伐 檀(《魏风》) ………………………… 4
 蒹 葭(《秦风》) ………………………… 4
 东 山(《豳风》) ………………………… 5
 采 薇(《小雅》) ………………………… 5
 无 羊(《小雅》) ………………………… 6
楚辞·九歌 ………………………………… 7
 东皇太一 ………………………………… 7
 云中君 …………………………………… 7
 湘 君 …………………………………… 7
 湘夫人 …………………………………… 8
 大司命 …………………………………… 9
 少司命 …………………………………… 9
 东 君 …………………………………… 10

　　　　河　伯 …………………………………… 10
　　　　山　鬼 …………………………………… 10
　　　　国　殇 …………………………………… 11
　　　　礼　魂 …………………………………… 11
古　诗(二首) …………………………………… 12
　　　　饮马长城窟行 …………………………… 12
　　　　上山采蘼芜 ……………………………… 12
羽林郎 辛延年 …………………………………… 13
曹植诗两首 ……………………………………… 14
　　　　赠白马王彪 ……………………………… 14
　　　　七哀诗 …………………………………… 15
咏　怀(八首) 阮　籍 …………………………… 16
陶潜诗选 ………………………………………… 18
　　　　归田园居 ………………………………… 18
　　　　饮　酒(五首) …………………………… 19
登池上楼 谢灵运 ………………………………… 21
乐府·西洲曲 …………………………………… 22
杜甫诗六首 ……………………………………… 23
　　　　自京赴奉先县咏怀 ……………………… 23
　　　　喜达行在所 ……………………………… 24
　　　　羌　村 …………………………………… 24
　　　　洗兵行 …………………………………… 25
　　　　观公孙大娘弟子舞剑器行(并序) ……… 26
　　　　咏怀古迹 ………………………………… 27

第二编

论 语(选录) ······ 31
- 孔子的为人(上) ······ 31
- 孔子的为人(下) ······ 32
- 孔子语录(上) ······ 34
- 孔子语录(中) ······ 35
- 孔子语录(下) ······ 37
- 孔子弟子语录 ······ 38

左传选 ······ 40
- 晋公子重耳之亡(僖公二十三年) ······ 40
- 殽之战(僖公三十二年) ······ 42
- 鞌之战(成公二年) ······ 43

礼记·檀弓(五则) ······ 48

孟子选 ······ 51
- 知言养气章 ······ 51
- 牛山之章 ······ 54

老 子(五章) ······ 55

庄子选 ······ 57
- 养生主 ······ 57
- 胠箧 ······ 58

韩非子·说难 ······ 62

战国策·鲁仲连义不帝秦 ······ 65

史记选 ······ 68
- 司马穰苴列传 ······ 68
- 魏其武安侯列传 ······ 70

汉书·李广苏建传 ······················· *78*

让县自明本志令 魏武帝 ················ *93*

三国志·诸葛亮传 ······················· *96*

世说新语(选录) ······················· *103*

水经·江水注(节录) ··················· *107*

文心雕龙·物色 刘勰 ··················· *109*

韩愈文两篇 ······························ *111*

  原毁 ·································· *111*

  答李翊书 ···························· *112*

永洲山水小记 柳宗元 ·················· *115*

  游黄溪记 ···························· *115*

  始得西山宴游 ····················· *116*

  钴鉧潭记 ···························· *117*

  钴鉧潭西小丘记 ·················· *117*

  至小丘西小石潭记 ··············· *118*

  袁家渴记 ···························· *119*

  石渠记 ······························· *119*

  石涧记 ······························· *120*

  小石城山记 ························· *121*

资治通鉴·肥水之战 司马光 ·········· *122*

东坡题跋(选录) 苏轼 ················· *126*

  自评文 ······························· *126*

  评韩柳诗 ···························· *126*

  书渊明醉刘柴桑传 ··············· *127*

  题逸少贴 ···························· *127*

记与君谟论书 …… 127
记欧公论把笔 …… 128
书 砚 …… 128
书临皋风月 …… 128
记承天寺夜游 …… 128
书陈怀立传神 …… 129
书蒲永昇画后 …… 129
书吴道子画后 …… 130
中山徐氏宁王神道碑 明太祖 …… 131
人间词话（选录）王国维 …… 135

第三编

任氏传 沈既济 …… 141
搜神记·胡母班 干宝 …… 148
东城老父传 陈鸿 …… 150
李娃传 白行简 …… 154
南柯太守传 李公佐 …… 162
虬髯客传 杜光庭 …… 169
李师师传 无名氏 …… 174
聊斋志异·黄英 蒲松龄 …… 179

第四编

鲁迅小说两篇 …… 185
　狂人日记 …… 185
　示 众 …… 195

我所知道的康桥 徐志摩 …………………… 201
胡适文两篇 …………………… 212
　　我们对于西洋近代文明的态度 …………… 212
　　辨伪举例——蒲松龄的生年考 ………… 226
压　迫 丁西林 …………………… 236
窗子以外 林徽因 …………………… 255
咬文嚼字 朱光潜 …………………… 264
一个消逝了的山村 冯 至 …………………… 271

第一编

诗六篇

氓（《卫风》）

氓之蚩蚩，抱布贸丝。匪来贸丝，来即我谋。送子涉淇，至于顿丘。匪我愆期，子无良媒。将子无怒，秋以为期。

乘彼垝垣，以望复关。不见复关，泣涕涟涟。既见复关，载笑载言。尔卜尔筮，体无咎言。以尔车来，以我贿迁。

桑之未落，其叶沃若。于嗟鸠兮！无食桑葚。于嗟女兮！无与士耽。士之耽兮，犹可说也。女之耽兮，不可说也。

桑之落矣，其黄而陨。自我徂尔，三岁食贫。淇水汤汤，渐车帷裳。女也不爽，士贰其行。士也罔极，二三其德。

三岁为妇，靡室劳矣。夙兴夜寐，靡有朝矣。言既遂矣，至于暴矣。兄弟不知，咥其笑矣。静言思之，躬自悼矣。

及尔偕老，老使我怨。淇则有岸，隰则有泮。总角之宴，言笑晏晏，信誓旦旦，不思其反。反是不思，亦已焉哉！

伐 檀（《魏风》）

坎坎伐檀兮，寘之河之干兮。河水清且涟猗。不稼不穑，胡取禾三百廛兮？不狩不猎，胡瞻尔庭有县貆兮？彼君子兮，不素餐兮！

坎坎伐辐兮，寘之河之侧兮。河水清且直猗。不稼不穑，胡取禾三百亿兮？不狩不猎，胡瞻尔庭有县特兮？彼君子兮，不素食兮！

坎坎伐轮兮，寘之河之漘兮。河水清且沦猗。不稼不穑，胡取禾三百囷兮？不狩不猎，胡瞻尔庭有县鹑兮？彼君子兮，不素飧兮！

蒹 葭（《秦风》）

蒹葭苍苍，白露为霜。所谓伊人，在水一方，溯洄从之，道阻且长。溯游从之，宛在水中央。

蒹葭萋萋，白露未晞。所谓伊人，在水之湄。溯洄从之，道阻且跻。溯游从之，宛在水中坻。

蒹葭采采，白露未已。所谓伊人，在水之涘。溯洄从之，道阻且右。溯游从之，宛在水中沚。

东　山（《豳风》）

　　我徂东山，慆慆不归。我来自东，零雨其濛。我东曰归，我心西悲。制彼裳衣，勿士行枚。蜎蜎者蠋，烝在桑野。敦彼独宿，亦在车下。

　　我徂东山，慆慆不归。我来自东，零雨其濛。果臝之实，亦施于宇。伊威在室，蠨蛸在户。町畽鹿场，熠耀宵行。不可畏也，伊可怀也。

　　我徂东山，慆慆不归。我来自东，零雨其濛。鹳鸣于垤，妇叹于室。洒扫穹窒，我征聿至。有敦瓜苦，烝在栗薪。自我不见，于今三年。

　　我徂东山，慆慆不归。我来自东，零雨其濛。仓庚于飞，熠耀其羽。之子于归，皇驳其马。亲结其缡，九十其仪。其新孔嘉，其旧如之何？

采　薇（《小雅》）

　　采薇采薇，薇亦作止。曰归曰归，岁亦莫止。靡室靡家，猃狁之故。不遑启居，猃狁之故。

　　采薇采薇，薇亦柔止。曰归曰归，心亦忧止。忧心烈烈，载饥载渴。我戍未定，靡使归聘。

　　采薇采薇，薇亦刚止。曰归曰归，岁亦阳止。王事靡盬，不遑启处。忧心孔疚，我行不来。

彼尔维何？维常之华。彼路斯何？君子之车。戎车既驾，四牡业业。岂敢定居？一月三捷。

驾彼四牡，四牡骙骙。君子所依，小人所腓。四牡翼翼，象弭鱼服。岂不日戒？猃狁孔棘。

昔我往矣，杨柳依依。今我来思，雨雪霏霏。行道迟迟，载渴载饥。我心伤悲，莫知我哀。

无　羊（《小雅》）

谁谓尔无羊？三百维群。谁谓尔无牛？九十其犉。尔羊来思，其角濈濈。尔牛来思，其耳湿湿。

或降于阿，或饮于池，或寝或讹。尔牧来思，何蓑何笠，或负其餱。三十维物，尔牲则具。

尔牧来思，以薪以蒸，以雌以雄。尔羊来思，矜矜兢兢，不骞不崩。麾之以肱，毕来既升。

牧人乃梦，众维鱼矣，旐维旟矣。大人占之：众维鱼矣，实维丰年；旐维旟矣，室家溱溱。

楚辞·九歌

东皇太一

吉日兮辰良,穆将愉兮上皇。抚长剑兮玉珥,璆锵鸣兮琳琅。瑶席兮玉瑱,盍将把兮琼芳。蕙肴蒸兮兰藉,奠桂酒兮椒浆。扬枹兮拊鼓,疏缓节兮安歌,陈竽瑟兮浩倡。灵偃蹇兮姣服,芳菲菲兮满堂。五音纷兮繁会,君欣欣兮乐康。

云中君

浴兰汤兮沐芳,华采衣兮若英。灵连蜷兮既留,烂昭昭兮未央。蹇将憺兮寿宫,与日月兮齐光。龙驾兮帝服,聊翱游兮周章。灵皇皇兮既降,猋远举兮云中。览冀州兮有余,横四海兮焉穷。思夫君兮太息,极劳心兮忡忡。

湘 君

君不行兮夷犹,蹇谁留兮中洲?美要眇兮宜修,沛吾乘兮桂舟。令沅湘兮无波，使江水兮安流！望夫君兮未来，吹参差兮谁思！驾飞龙兮北征，邅吾道兮洞庭。薜荔柏兮蕙绸，荪桡兮兰旌。望涔阳兮极浦，横大江兮扬灵。扬灵兮未极，女婵媛兮为余太息。横流涕兮潺湲，隐思君兮陫侧。桂櫂兮兰枻，斲冰兮积雪。采薜荔兮水中，搴芙蓉兮木末。心不同兮媒劳，恩不甚兮轻绝。石濑兮浅浅，飞龙兮翩翩。交不忠兮怨长，期不信兮告余以不闲。朝骋骛兮江皋，夕弭节兮北渚。鸟次兮屋上，水周兮堂下。捐余玦兮江中，遗余佩兮澧浦。采芳洲兮杜若，将以遗兮下女。时不可兮再得，聊逍遥兮容与。

湘夫人

帝子降兮北渚，目眇眇兮愁予。嫋嫋兮秋风，洞庭波兮木叶下。白薠兮骋望，与佳期兮夕张。鸟何萃兮蘋中，罾何为兮木上？沅有芷兮澧有兰，思公子兮未敢言。荒忽兮远望，观流水兮潺湲。麋何食兮庭中，蛟何为兮水裔？朝驰余马兮江皋，夕济兮西澨。闻佳人兮召予，将腾驾兮偕逝。筑室兮水中，葺之兮荷盖。荪壁兮紫坛，播芳椒兮成堂。桂栋兮兰橑，辛夷楣兮药房。罔薜荔兮为帷，擗蕙櫋兮既张。白玉兮为镇，疏石兰兮为芳。芷葺兮荷屋，缭之兮杜衡。合百草兮实庭，建芳馨兮庑门。九嶷缤兮并迎，灵之来兮如云。捐余袂兮江中，遗余褋兮澧浦。搴汀洲兮杜若，将以遗兮远者。时不可兮骤得，聊逍遥兮容与。

大司命

　　广开兮天门，纷吾乘兮玄云。令飘风兮先驱，使涷雨兮洒尘。君回翔兮以下，逾空桑兮从女。纷总总兮九州，何寿夭兮在予！高飞兮安翔，乘清气兮御阴阳。吾与君兮斋速，导帝之兮九坑。灵衣兮被被，玉佩兮陆离。壹阴兮壹阳，众莫知兮余所为。折疏麻兮瑶华，将以遗兮离居。老冉冉兮既极，不寖近兮愈疏。乘龙兮辚辚，高驰兮冲天。结桂枝兮延伫，羌愈思兮愁人。愁人兮奈何，愿若今兮无亏。固人命兮有当，孰离合兮可为？

少司命

　　秋兰兮麋芜，罗生兮堂下。绿叶兮素枝，芳菲菲兮袭予。夫人兮自有美子，荪何以兮愁苦？秋兰兮青青，绿叶兮紫茎。满堂兮美人，忽独与余兮目成。入不言兮出不辞，乘回风兮载云旗。悲莫悲兮生别离，乐莫乐兮新相知。荷衣兮蕙带，儵而来兮忽而逝。夕宿兮帝郊，君谁须兮云之际？与女游兮九河，冲风至兮水扬波。与女沐兮咸池，晞女发兮阳之阿。望美人兮未来，临风怳兮浩歌。孔盖兮翠旍，登九天兮抚慧星。竦长剑兮拥幼艾，荪独宜兮为民正。

东 君

　　暾将出兮东方，照吾槛兮扶桑。抚余马兮安驱，夜皎皎兮既明。驾龙辀兮乘雷，载云旗兮委蛇。长太息兮将上，心低徊兮顾怀。羌声色兮娱人，观者憺兮忘归。絚瑟兮交鼓，箫钟兮瑶簴。鸣篪兮吹竽，思灵保兮贤姱。翾飞兮翠曾，展诗兮会舞。应律兮合节，灵之来兮蔽日。青云衣兮白霓裳，举长矢兮射天狼。操余弧兮反沦降，援北斗兮酌桂浆。撰余辔兮高驰翔，杳冥冥兮以东行。

河 伯

　　与女游兮九河，冲风起兮横波。乘水车兮荷盖，驾两龙兮骖螭。登昆仑兮四望，心飞扬兮浩荡。日将暮兮怅忘归，惟极浦兮寤怀。鱼鳞屋兮龙堂，紫贝阙兮朱宫；灵何为兮水中？乘白鼋兮逐文鱼，与女游兮河之渚，流澌纷兮将来下。子交手兮东行，送美人兮南浦。波滔滔兮来迎，鱼隣隣兮媵予。

山 鬼

　　若有人兮山之阿，被薜荔兮带女萝。既含睇兮又宜笑，子慕予兮善窈窕。乘赤豹兮从文狸，辛夷车兮结桂旗。被石兰兮带杜衡,折芳馨兮遗所思。余处幽篁兮终不见天,路险难兮独后来。表独立兮山之上,云容容兮而在下。杳冥冥兮羌昼晦,东风飘兮神灵雨。留灵修兮憺忘归,岁既晏兮孰华予。采三秀兮于山间,石磊磊兮葛蔓蔓。怨公子兮怅忘归,君思我兮不得闲。山中人兮芳杜若,饮石泉兮廕松柏。君思我兮然疑作。雷填填兮雨冥冥,猨啾啾兮狖夜鸣。风飒飒兮木萧萧,思公子兮徒离忧。

国　殇

　　操吴戈兮披犀甲,车错毂兮短兵接。旌蔽日兮敌若云,矢交坠兮士争先。凌余阵兮躐余行,左骖殪兮右刃伤。霾两轮兮絷四马,援玉枹兮击鸣鼓。天时坠兮威灵怒,严杀尽兮弃原野。出不入兮往不反,平原忽兮路超远。带长剑兮挟秦弓,首身离兮心不惩。诚既勇兮又以武,终刚强兮不可凌。身既死兮神以灵,子魂魄兮为鬼雄。

礼　魂

　　成礼兮会鼓,传芭兮代舞,姱女倡兮容与。春兰兮秋菊,长无绝兮终古。

古诗(二首)

饮马长城窟行

青青河畔草,绵绵思远道。远道不可思,宿昔梦见之。梦见在我傍,忽觉在他乡。他乡各异县,展转不相见。枯桑知天风,海水知天寒。入门各自媚,谁肯相为言。客从远方来,遗我双鲤鱼。呼儿烹鲤鱼,中有尺素书。长跪读素书,书中竟何如?上言加餐食,下言长相忆。

上山采蘼芜

上山采蘼芜,下山逢故夫。长跪问故夫:"新人复何如?""新人虽言好,未若故人姝。颜色类相似,手爪不相如。新人从门入,故人从阁去。新人工织缣,故人工织素。织缣日一匹,织素五丈余。将缣来比素,新人不如故。"

羽林郎
辛延年

昔有霍家奴,姓冯名子都。依倚将军势,调笑酒家胡。胡姬年十五,春日独当垆。长裾连理带,广袖合欢襦。头上蓝田玉,耳后大秦珠。两鬟何窈窕,一世良所无。一鬟五百万,两鬟千万余。不意金吾子,娉婷过我庐。银鞍何煜爚,翠盖空踟蹰。就我求清酒,丝绳提玉壶。就我求珍肴,金盘脍鲤鱼。贻我青铜镜,结我红罗裾。不惜红罗裂,何论轻贱躯?男儿爱后妇,女子重前夫。人生有新故,贵贱不相逾。多谢金吾子,私爱徒区区。

曹植诗两首

赠白马王彪

　　谒帝承明庐,逝将归旧疆。清晨发皇邑,日夕过首阳。伊洛广且深,欲济川无梁。泛舟越洪涛,怨彼东路长。顾瞻恋城阙,引领情内伤。太谷何寥廓,山树郁苍苍。霖雨泥我涂,流潦浩纵横。中逵绝无轨,改辙登高岗。修坂造云日,我马玄以黄。玄黄犹能进,我思郁以纡。郁纡将何念,亲爱在离居。本图相与偕,中更不克俱。鸱枭鸣衡轭,豺狼当路衢。苍蝇间白黑,谗巧令亲疏。欲还绝无蹊,揽辔止踟蹰。踟蹰亦何留,相思无终极。秋风发微凉,寒蝉鸣我侧。原野何萧条,白日忽西匿。归鸟赴乔林,翩翩厉羽翼。孤兽走索群,衔草不遑食。感物伤我怀,抚心长太息。太息将何为,天命与我违。奈何念同生,一往形不归。孤魂翔故域,灵柩寄京师。存者忽复过,亡殁身自衰。人生处一世,去若朝露晞。年在桑榆间,影响不能追。自顾非金石,咄唶令心悲。心悲动我神,弃置莫复陈。丈夫志四海,万里犹比邻。恩爱苟不亏,在远分日亲。何必同衾帱,然后展殷勤。忧思成疾疢,无乃儿女仁。仓卒骨肉情,能不怀苦辛?苦辛何虑思,天命信可疑。虚无求列仙，松子久吾欺。变故在斯须，百年谁能持？离别永无会，执手将何时？王其爱玉体，俱享黄髪期。收泪即长路，援笔从此辞。

七哀诗

明月照高楼，流光正徘徊。上有愁思妇，悲叹有余哀。借问叹者谁？言是客子妻。君行逾十年，孤妾常独栖。君若清路尘，妾若浊水泥。浮沉各异势，会合何时谐？愿为西南风，长逝入君怀。君怀良不开，贱妾当何依？

咏怀（八首）

阮 籍

夜中不能寐，起坐弹鸣琴。薄帷鉴明月，清风吹我襟。孤鸿号外野，翔鸟鸣北林。徘徊将何见，忧思独伤心。

二妃游江滨，逍遥顺风翔。交甫解环佩，婉娈有芬芳。猗靡情欢爱，千载不相忘。倾城迷下蔡，容好结中肠。感激生忧思，萱草树兰房。膏沐为谁施，其雨怨朝阳。如何金石交，一旦更离伤。

嘉树下成蹊，东园桃与李。秋风吹飞藿，零落从此始。繁华有憔悴，堂上生荆杞。驱马舍之去，去上西山趾。一身不自保，何况恋妻子。凝霜被野草，岁暮亦云已。

灼灼西隤日，余光照我衣。回风吹四壁，寒鸟相因依。周周尚衔羽，蛩蛩亦念饥。如何当路子，磬折忘所归。岂为夸誉名，憔悴使心悲。宁与燕雀翔，不随黄鹄飞。黄鹄游四海，中路将安归？

步出上东门，北望首阳岑。下有采薇士，上有嘉树林。良辰在何许，凝霜沾衣襟。寒风振山冈，玄云起重阴。鸣雁飞南征，鶗鸠发哀音。素质游商声,悽怆伤我心。

徘徊蓬池上,还顾望大梁。绿水扬洪波,旷野莽茫茫。走兽交横驰,飞鸟相随翔。是时鹑火中,日月正相望。朔风厉严寒,阴气下微霜。羁旅无俦匹,俛仰怀哀伤。小人计其功,君子道其常。岂惜终憔悴,咏言著斯章。

炎暑惟兹夏,三旬将欲移。芳树垂绿叶,青云自逶迤。四时更代谢,日月递参差。徘徊空堂上,忉怛莫我知。愿睹卒欢好,不见悲别离。

独坐空堂上,谁可与欢者。出门临永路,不见行车马。登高望九州,悠悠分旷野。孤鸟西北飞,离兽东南下。日暮思亲友,晤言用自写。

陶潜诗选

归田园居

少无适俗韵,性本爱丘山。误落尘网中,一去三十年。羁鸟恋旧林,池鱼思故渊。开荒南野际,守拙归园田。方宅十余亩,草屋八九间。榆柳荫后檐,桃李罗堂前。暧暧远人村,依依墟里烟。狗吠深巷中,鸡鸣桑树巅。户庭无尘杂,虚室有余闲。久在樊笼里,复得返自然。

野外罕人事,穷巷寡轮鞅。白日掩荆扉,对酒绝尘想。时复墟曲人,披草共来往。相见无杂言,但道桑麻长。桑麻日已长,我土日已广。常恐霜霰至,零落同草莽。

种豆南山下,草盛豆苗稀。晨兴理荒秽,带月荷锄归。道狭草木长,夕露沾我衣。衣沾不足惜,但使愿无违。

久去山泽游,浪莽林野娱。试携子侄辈,披榛步荒墟。徘徊丘垅间,依依昔人居。井灶有遗处,桑竹残朽株。借问采薪者,此人皆焉如?薪者向我言,死没无复余。一世弃朝市,此语真不虚。人生似幻化,终当归空无。

怅恨独策还,崎岖历榛曲。山涧清且浅,遇以濯吾足。漉我新熟酒,只鸡招近局。日入室中暗,荆薪代明烛。欢来苦夕短,已复至天旭。

饮酒(五首)

结庐在人境,而无车马喧。问君何能尔?心远地自偏。采菊东篱下,悠然见南山。山气日夕佳,飞鸟相与还。此中有真意,欲辩已忘言。

秋菊有佳色,裛露掇其英。泛此忘忧物,远我遗世情。一觞虽独进,杯尽壶自倾。日入群动息,归鸟趋林鸣。啸傲东轩下,聊复得此生。

青松在东园,众草没其姿。凝霜殄异类,卓然见高枝。连林人不觉,独树众乃奇。提壶抚寒柯,远望时复为。吾生梦幻间,何事绁尘羁。

清晨闻叩门,倒裳往自开。问子为谁与?田父有好怀。壶浆远见候,疑我与时乖。"褴缕茅檐下,未足为高栖。举世皆尚同,愿君汩其泥。""深感父老言，禀气寡所谐。纡辔诚可学，违己讵非迷。且共欢此饮，吾驾不可回。"

羲农去我久，举世少复真。汲汲鲁中叟，弥缝使其淳。凤鸟虽不至，礼乐暂得新。洙泗辍微响，漂流逮狂秦。诗书复何罪？一朝成灰尘。区区诸老翁，为事诚殷勤。如何绝世下，六籍无一亲。终日驰车走，不见所问津。若复不快饮，空负头上巾。但恨多谬误，君当恕醉人。

登池上楼
谢灵运

潜虬媚幽姿,飞鸿响远音。薄霄愧云浮,栖川怍渊沉。进德智所拙,退耕力不任。徇禄反穷海,卧疴对空林。衾枕昧节候,褰开暂窥临。倾耳聆波澜,举目眺岖嵚。初景革绪风,新阳改故阴。池塘生春草,园柳变鸣禽。祁祁伤豳歌,萋萋感楚吟。索居易永久,离群难处心。持操岂独古,无闷征在今。

乐府·西洲曲

忆梅下西洲,折梅寄江北。单衫杏子红,双鬓鸦雏色。西洲在何处?两桨桥头渡。日暮伯劳飞,风吹乌臼树。树下即门前,门中露翠钿。开门郎不至,出门采红莲。采莲南塘秋,莲花过人头。低头弄莲子,莲子青如水。置莲怀袖中,莲心彻底红。忆郎郎不至,仰首望飞鸿。鸿飞满西洲,望郎上青楼。楼高望不见,尽日栏杆头。栏杆十二曲,垂手明如玉。卷帘天自高,海水摇空绿。海水梦悠悠,君愁我亦愁。南风知我意,吹梦到西洲。

杜甫诗六首

自京赴奉先县咏怀

　　杜陵有布衣，老大意转拙。许身一何愚，窃比稷与契。居然成濩落，白首甘契阔。盖棺事则已，此志常觊豁。穷年忧黎元，叹息肠内热。取笑同学翁，浩歌弥激烈。非无江海志，潇洒送日月。生逢尧舜君，不忍便永诀。当今廊庙具，构厦岂云缺？葵藿倾太阳，物性固难夺。顾惟蝼蚁辈，但自求其穴。胡为慕大鲸，辄拟偃溟渤？以兹悟生理，独耻事干谒。兀兀遂至今，忍为尘埃没？终愧巢与由，未能易其节。沉饮聊自适，放歌颇愁终。

　　岁暮百草零，疾风高冈裂。天衢阴峥嵘，客子中夜发。霜严衣带断，指直不得结。凌晨过骊山，御榻在嵽嵲。蚩尤塞寒空，蹴蹋崖谷滑。瑶池气郁律，羽林相摩戛。君臣留欢娱，乐动殷膠葛。赐浴皆长缨，与宴非短褐。彤庭所分帛，本自寒女出。鞭挞其夫家，聚敛贡城阙。圣人筐篚恩，实欲邦国活。臣如忽至理，君岂弃此物？多士盈朝廷，仁者宜战栗。况闻内金盘，尽在卫霍室。中堂舞神仙，烟雾散玉质。暖客貂鼠裘，悲管逐清瑟。劝客驼蹄羹，霜橙压香橘。朱门酒肉臭，路有冻死骨。荣枯咫尺异,惆怅难再述。

北辕就泾渭,官渡又改辙。群冰从西下,极目高崒兀。疑是崆峒来,恐触天柱折。河梁幸未坼,枝撑声窸窣。行旅相攀援,川广不可越。

老妻寄异县,十口隔风雪。谁能久不顾,庶往共饥渴。入门闻号咷,幼子饥已卒。吾宁舍一哀,里巷亦呜咽。所愧为人父,无食致夭折。岂知秋禾登,贫窭有仓卒?生常免租税,名不隶征伐。抚迹犹酸辛,平人固骚屑。默思失业徒,因念远戍卒。忧端齐终南,澒洞不可掇。

喜达行在所

西忆岐阳信,无人遂却回。眼穿当落日,心死著寒灰。雾树行相引,莲峰望忽开。所亲惊老瘦,辛苦贼中来。

愁思胡笳夕,凄凉汉苑春。生还今日事,间道暂时人。司隶章初睹,南阳气已新。喜心翻倒极,呜咽泪沾巾。

死去凭谁报,归来始自怜。犹瞻太白雪,喜遇武功天。影静千官里,心苏七校前。今朝汉社稷,新数中兴年。

羌 村

峥嵘赤云西,日脚下平地。柴门鸟雀噪,归客千里至。妻孥怪我在,惊定还拭泪。世乱遭飘荡,生还偶然遂!邻人满墙头,感叹亦歔欷。夜阑更秉烛，相对如梦寐。

晚岁迫偷生，还家少欢趣。娇儿不离膝，畏我复却去。忆昔好追凉，故绕池边树。萧萧北风劲，抚事煎百虑。赖知禾黍收，已觉糟床注。如今足斟酌，且用慰迟暮。

群鸡正乱叫，客至鸡斗争。驱鸡上树木，始闻叩柴荆。父老四五人，问我久远行。手中各有携，倾榼浊复清。苦辞酒味薄，黍地无人耕。兵革既未息，儿童尽东征。请为父老歌，艰难愧深情。歌罢仰天叹，四座泪纵横。

洗兵行

中兴诸将收山东，捷书夜报清昼同。河广传闻一苇过，胡危命在破竹中。祗残邺城不日得，独任朔方无限功。京师皆骑汗血马，回纥喂肉葡萄宫。已喜皇威清海岱，常思仙仗过崆峒。三年笛里关山月，万国兵前草木风。

成王功大心转小，郭相谋深古来少。司徒清鉴悬明镜，尚书气与秋天杳。二三豪俊为时出，整顿乾坤济时了。东走无复忆鲈鱼，南飞觉有安巢鸟。青春复随冠冕入，紫禁正耐烟花绕。鹤驾通宵凤辇备，鸡鸣问寝龙楼晓。

攀龙附凤势莫当，天下尽化为侯王。汝等岂知蒙帝力，时来不得夸身强。关中既留萧丞相，幕下复用张子房。张公一生江海客，身长九尺须眉苍。征起适遇风云会，扶颠始知筹策良。青袍白马更何有，后汉今周喜再昌。

寸地尺天皆入贡，奇祥异瑞争来送。不知何国致白环，复道诸山得银瓮。隐士休歌紫芝曲，词人解撰河清颂。田家望望惜雨干，布谷处处催春种。淇上健儿归莫懒，城南思妇愁多梦。安得壮士挽天河，净洗甲兵长不用。

观公孙大娘弟子舞剑器行（并序）

大历二年十月十九日，夔府别驾元持宅，见临颍李十二娘舞剑器，壮其蔚跂，问其所师，曰："余公孙大娘弟子也。"开元三载，余尚童稚，记于郾城观公孙氏舞剑器浑脱，浏漓顿挫，独出冠时。自高头宜春、梨园二伎坊内人，洎外供奉舞女，晓是舞者，圣文神武皇帝初，公孙一人而已。玉貌锦衣，况余白首，今兹弟子，亦匪盛颜。既辩其由来，知波澜莫二。抚事慷慨，聊为《剑器行》。昔者吴人张旭，善草书书帖，数尝于邺县见公孙大娘舞西河剑器，自此草书长进，豪荡感激，即公孙可知矣。

昔有佳人公孙氏，一舞剑器动四方。观者如山色沮丧，天地为之久低昂。㸌如羿射九日落，矫如群帝骖龙翔。来如雷霆收震怒，罢如江海凝清光。

绛唇珠袖两寂寞，晚有弟子传芬芳。临颍美人在白帝，妙舞此曲神扬扬。与余问答既有以，感时抚事增惋伤。

先帝侍女八千人，公孙剑器初第一。五十年间似反掌，风尘澒洞昏王室。梨园弟子散如烟，女乐余姿映寒日。

金粟堆南木已拱，瞿塘石城草萧瑟。玳筵急管曲复终，乐极衰来月东出。老夫不知其所往,足茧荒山转愁疾。

咏怀古迹

支离东北风尘际,漂泊西南天地间。三峡楼台淹日月,五溪衣服共云山。羯胡事主终无赖,词客哀时且未还。庾信平生最萧瑟,暮年诗赋动江关。

摇落深知宋玉悲,风流儒雅亦吾师。怅望千秋一洒泪,萧条异代不同时。江山故宅空文藻,云雨荒台岂梦思。最是楚宫俱泯灭,舟人指点到今疑。

群山万壑赴荆门,生长明妃尚有村。一去紫台连朔漠,独留青冢向黄昏。画图省识春风面,环佩空归夜月魂。千载琵琶作胡语,分明怨恨曲中论。

蜀主窥吴幸三峡,崩年亦在永安宫。翠华想像空山里,玉殿虚无野寺中。古庙杉松巢水鹤,岁时伏腊走村翁。武侯祠屋常邻近,一体君臣祭祀同。

诸葛大名垂宇宙,宗臣遗像肃清高。三分割据纡筹策,万古云霄一羽毛。伯仲之间见伊吕,指挥若定失萧曹。运移汉祚终难复,志决身歼军务劳。

第二编

论语（选录）

孔子的为人（上）

子曰："吾十有五而志于学，三十而立，四十而不惑，五十而知天命，六十而耳顺，七十而从心所欲，不逾矩。"

颜渊、季路侍。子曰："盍各言尔志？"
子路曰："愿车马、衣裘，与朋友共，敝之而无憾。"
颜渊曰："愿无伐善，无施劳。"
子路曰："愿闻子之志。"
子曰："老者安之，朋友信之，少者怀之。"

子曰："德之不修，学之不讲，闻义不能徙，不善不能改，是吾忧也。"

子曰："饭疏食，饮水，曲肱而枕之，乐亦在其中矣。不义而富且贵，于我如浮云。"

子曰:"三人行,必有我师焉;择其善者而从之,其不善者而改之。"

子曰:"盖有不知而作之者,我无是也。多闻,择其善者而从之;多见而识之,知之次也。"

子曰:"君子道者三,我无能焉:仁者不忧,知者不惑,勇者不惧。"子贡曰:"夫子自道也。"

叶公问孔子于子路,子路不对。
子曰:"汝奚不曰'其为人也,发愤忘食,乐以忘忧,不知老之将至'云尔。"

子路宿于石门。晨门曰:"奚自?"子路曰:"自孔氏。"曰:"是知其不可而为之者欤?"

子贡曰:"有美玉于斯,韫匮而藏诸?求善贾而沽诸?"子曰:"沽之哉,沽之哉!我待贾者也。"

孔子的为人(下)

子入大庙,每事问。或曰:"孰谓鄹人之子知礼乎?入大庙,每事问。"子闻之曰:"是礼也。"

孔子于乡党，恂恂如也，似不能言者。其在宗庙、朝廷，便便言，唯谨尔。

厩焚。子退朝，曰："伤人乎？"不问马。

朋友死，无所归。曰："于我殡。"

子见齐衰者，冕衣裳者，与瞽者，见之，虽少必作，过之必趋。

师冕见，及阶，子曰："阶也。"及席，子曰："席也。"皆坐，子告之曰："某在斯，某在斯。"师冕出，子张问曰："与师言之道与？"子曰："然，固相师之道也。"

子食于有丧者之侧，未尝饱也。子于是日哭，则不歌。

子与人歌而善，必使反之，而后和之。

蘧伯玉使人于孔子。孔子与之坐而问焉，曰："夫子何为？"对曰："夫子欲寡其过而未能也。"使者出。子曰："使乎！使乎！"

子在齐闻《韶》，三月不知肉味，曰："不图为乐之至于斯也!"

孔子语录(上)

子曰:"君子食无求饱,居无求安,敏于事而慎于言,就有道而正焉,可谓好学也已。"

子曰:"朝闻道,夕死可矣。"

子曰:"不患无位,患所以立。不患莫己知,求为可知也。"

子曰:"君子求诸己,小人求诸人。"

子曰:"后生可畏,焉知来者之不如今也?四十、五十而无闻焉,斯亦不足畏也已。"

子曰:"岁寒然后知松柏之后彫也。"

子曰:"君子疾没世而名不称焉。"

子曰:志士仁人,无求生以害仁,有杀身以成仁。

子曰:"躬自厚而薄责于人,则远怨矣。"

子曰:"有教,无类。"

子曰:"性相近也,习相远也,唯上智与下愚不移。"

子曰:"辞,达而已矣。"

子曰:"由,诲汝知之乎!知之为知之,不知为不知,是知也。"

子曰:"学而不思则罔,思而不学则殆。"

子曰:"吾尝终日不食,终夜不寝,以思,无益,不如学也。"

子曰:"古之学者为己,今之学者为人。"

子曰:"学如不及,犹恐失之。"

子曰:"不曰'如之何,如之何'者,吾莫如之何也已矣!"

孔子语录(中)

子贡问曰:"有一言而可以终身行之者乎?"子曰:"其恕

乎！己所不欲，勿施于人。"

季路问事鬼神。子曰："未能事人，焉能事鬼？"曰："敢问死。"曰："未知生，焉知死？"

仲弓问仁。子曰："出门如见大宾，使民如承大祭。己所不欲，勿施于人。在邦无怨，在家无怨。"仲弓曰："雍虽不敏，请事斯语矣。"

司马牛问仁，子曰："仁者，其言也讱。"曰："其言也讱，斯谓之仁已乎？"子曰："为之难，言之得无讱乎？"

司马牛问君子。子曰："君子不忧不惧。"曰："不忧不惧，斯谓之君子已乎？"子曰："内省不疚，夫何忧何惧？"

樊迟问仁。子曰："居处恭，执事敬，与人忠。虽之夷狄，不可弃也。"

子张问行。子曰"言忠信，行笃敬，虽蛮貊之邦，行矣。言不忠信，行不笃敬，虽州里，行乎哉？立则见其参于前也，在舆则见其倚于衡也，夫然后行。"子张书诸绅。

子贡问为仁。子曰：工欲善其事，必先利其器。居是邦也，事其大夫之贤者,友其士之仁者。

子贡问曰:"乡人皆好之,何如?"子曰:"未可也。""乡人皆恶之,何如?"子曰:"未可也。不如乡人之善者好之,其不善者恶之。"

子曰:"众恶之,必察焉;众好之,必察焉。"

子贡曰:"君子亦有恶乎?"子曰:"有恶。恶称人之恶者,恶居下而讪上者,恶勇而无礼者,恶果敢而窒者。"
曰:"赐也亦有恶也。恶徼以为知者,恶不逊以为勇者,恶讦以为直者。"

子路问:"闻斯行诸?"子曰:"有父兄在,如之何其闻斯行之!"
冉有问:"闻斯行诸?"子曰:"闻斯行之。"
公西华曰:"由也问闻斯行诸,子曰'有父兄在';求也问闻斯行诸,子曰'闻斯行之'。赤也惑,敢问。"
子曰:"求也退,故进之。由也兼人,故退之。"

孔子语录(下)

子适卫,冉有仆。子曰:"庶矣哉!"冉有曰:"既庶矣,又何加焉?"曰:"富之。"曰:"既富矣,又何加焉?"曰:"教之。"

季康子问政于孔子。孔子对曰:"政者,正也。子率以正,孰敢不正?"

子夏为莒父宰,问政。子曰:"无欲速,无见小利。欲速则不达,见小利则大事不成。"

定公问:"一言而兴邦,有诸?"孔子对曰:"言不可以若是其几也。人之言曰:'为君难,为臣不易。'如知为君之难也,不几乎一言而兴邦乎?"
曰:"一言而丧邦,有诸?"孔子对曰:"言不可以若是其几也。人之言曰:'予无乐乎为君,唯其言而莫予违也。'如其善而莫之违也,不亦善乎?如不善而莫之违也,不几乎一言而丧邦乎?"

孔子弟子语录

曾子曰:"吾日三省吾身:为人谋而不忠乎?与朋友交而不信乎?传不习乎?"

曾子曰:"以能问于不能,以多问于寡;有若无,实若虚,犯而不校:昔者吾友尝从事于斯矣。"

曾子曰:"可以托六尺之孤,可以寄百里之命,临大节而不可夺也。君子人欤?君子人也。"

曾子曰:"士不可以不弘毅,任重而道远。仁以为己任,不亦重乎?死而后已,不亦远乎?"

子张曰:"士见危致命,见得思义,祭思敬,丧思哀,其可已矣。"

子夏曰:"日知其所亡,月无忘其所能,可谓好学也已矣。"

子夏曰;"博学而笃志,切问而近思,仁在其中矣。"

子贡曰:"君子之过也,如日月之食焉。过也,人皆见之;更也,人皆仰之。"

左传选

晋公子重耳之亡（僖公二十三年）

　　晋公子重耳之及于难也，晋人伐诸蒲城。蒲城人欲战，重耳不可，曰："保君父之命而享其生禄，于是乎得人。有人而校，罪莫大焉。吾其奔也。"遂奔狄。从者狐偃、赵衰、颠颉、魏武子、司空季子。

　　狄人伐廧咎如，获其二女叔隗、季隗，纳诸公子。公子取季隗，生伯鯈、叔刘，以叔隗妻赵衰，生盾。将适齐，谓季隗曰："待我二十五年，不来而后嫁。"对曰："我二十五年矣，又如是而嫁，则就木焉。请待子。"处狄十二年而行。

　　过卫，卫文公不礼焉。出于五鹿，乞食于野人，野人与之块。公子怒，欲鞭之。子犯曰："天赐也！"稽首，受而载之。

　　及齐，齐桓公妻之，有马二十乘。公子安之，从者以为不可。将行，谋于桑下，蚕妾在其上，以告姜氏。姜氏杀之，而谓公子曰："子有四方之志，其闻之者，吾已杀之矣。"公子曰："无之。"姜曰："行也！怀与安，实败名"，公子不可，姜与子犯谋，醉而遣之。醒，以戈逐子犯。

及曹,曹共公闻其骈胁,欲观其裸。浴,薄而观之。僖负羁之妻曰:"吾观晋公子之从者,皆足以相国。若以相,夫子必反其国。反其国,必得志于诸侯。得志于诸侯而诛无礼,曹其首也。子盍蚤自贰焉。"乃馈盘飧,置璧焉。公子受飧反璧。

及宋,宋襄公赠之以马二十乘。及郑,郑文公亦不礼焉。叔詹谏曰:"臣闻天之所启,人弗及也。晋公子有三焉,天其或者将建诸?君其礼焉!男女同姓,其生不蕃。晋公子,姬出也,而至于今,一也。离外之患,而天不靖晋国,殆将启之,二也。有三士足以上人而从之,三也。晋郑同侪,其过子弟,固将礼焉,况天之所启乎?"弗听。

及楚,楚子飨之,曰:"公子若反晋国,则何以报不谷?"对曰:"子女玉帛,则君有之;羽毛齿革,则君地生焉。其波及晋国者,君之余也。其何以报君?"曰:"虽然,何以报我?"对曰:"若以君之灵,得反晋国,晋楚治兵,遇于中原,其辟君三舍。若不获命,其左执鞭弭,右属櫜鞬,以与君周旋。"子玉请杀之。楚子曰:"晋公子广而俭,文而有礼。其从者肃而宽,忠而能力。晋侯无亲,外内恶之。吾闻姬姓唐叔之后,其后衰者也。其将由晋公子乎?天将兴之,谁能废之?违天,必有大咎。"乃送诸秦。

秦伯纳女五人,怀嬴与焉。奉匜沃盥,既而挥之。怒,曰:"秦晋匹也,何以卑我?"公子惧,降服而囚。他日,公享之,子犯曰:"吾不如衰之文也,请使衰从。"公子赋《河水》,公赋《六月》。赵衰曰:"重耳拜赐!"公子降拜稽首,公降一级而辞焉。衰曰:"君称所以佐天子者命重耳,重耳敢不拜!"

殽之战（僖公三十二年）

冬，晋文公卒。庚辰，将殡于曲沃。出绛，柩有声如牛。卜偃使大夫拜，曰："君命大事，将有西师过轶我，击之，必大捷焉。"

杞子自郑使告于秦曰："郑人使我掌其北门之管。若潜师以来，国可得也。"穆公访诸蹇叔。蹇叔曰："劳师以袭远，非所闻也。师劳力竭，远主备之，无乃不可乎？师之所为，郑必知之，勤而无所，必有悖心。且行千里，其谁不知？"公辞焉。召孟明、西乞、白乙，使出师于东门之外。

蹇叔哭之，曰："孟子！吾见师之出而不见其入也！"公使谓之曰："尔何知？中寿，尔墓之木拱矣。"

蹇叔之子与师，哭而送之，曰："晋人御师必于殽。殽有二陵焉：其南陵，夏后皋之墓也；其北陵，文王之所辟风雨也。必死是间，余收尔骨焉！"秦师遂东。

三十三年春，秦师过周北门，左右免胄而下，超乘者三百乘。王孙满尚幼，观之，言于王曰："秦师轻而无礼，必败。轻则寡谋，无礼则脱。入险而脱，又不能谋，能无败乎？"

及滑，郑商人弦高将市于周，遇之，以乘韦先，牛十二犒师，曰："寡君闻吾子将步师出于敝邑，敢犒从者。不腆敝邑，为从者之淹，居则具一日之积，行则备一夕之卫。"且使遽告于郑。

郑穆公使视客馆，则束载、厉兵、秣马矣。使皇武子辞焉，曰："吾子淹久于敝邑，唯是脯资饩牵竭矣。为吾子之将行也，郑之有原圃，犹秦之有具囿也。吾子取其麋鹿，以闲敝邑，若何？"杞子奔齐，逢孙、杨孙奔宋。孟明曰："郑有备矣，不可冀也。攻之不克，围之不继，吾其还也。"灭滑而还。

晋原轸曰："秦违蹇叔，而以贪勤民，天奉我也。奉不可失，敌不可纵。纵敌患生，违天不祥。必伐秦师！"栾枝曰："未报秦施而伐其师，其为死君乎？"先轸曰："秦不哀吾丧而伐吾同姓，秦则无礼，何施之为？吾闻之：'一日纵敌，数世之患也。'谋及子孙，可谓死君乎！"遂发命，遽兴姜戎。子墨衰绖，梁弘御戎，莱驹为右。夏四月辛巳，败秦师于殽，获百里孟明视、西乞术、白乙丙以归。遂墨以葬文公，晋于是始墨。

文嬴请三帅，曰："彼实构吾二君，寡君若得而食之，不厌，君何辱讨焉？使归就戮于秦，以逞寡君之志，若何？"公许之。先轸朝，问秦囚。公曰："夫人请之，吾舍之矣。"先轸怒曰："武夫力而拘诸原，妇人暂而免诸国，堕军实而长寇仇，亡无日矣！"不顾而唾。公使阳处父追之，及诸河，则在舟中矣。释左骖，以公命赠孟明。孟明稽首曰："君之惠，不以累臣衅鼓，使归就戮于秦，寡君之以为戮，死且不朽。若从君惠而免之，三年将拜君赐。"

秦伯素服郊次，乡师而哭曰："孤违蹇叔，以辱二三子，孤之罪也。"不替孟明，孤之过也！大夫何罪？且吾不以一眚掩大德。"

鞌之战（成公二年）

孙桓子还于新筑，不入，遂如晋乞师。臧宣叔亦如晋乞师。皆主郤献子。晋侯许之七百乘。郤子曰:"此城濮之赋也。有先君之明与先大夫之肃,故捷。克于先大夫无能为役,请八百乘。"许之。郤克将中军,士燮佐上军,栾书将下军,韩厥为司马,以救鲁、卫。

臧宣叔逆晋师,且道之。季文子帅师会之。及卫地,韩献子将斩人,郤献子驰,将救之,至,则既斩之矣。郤子使速以徇,告其仆曰:"吾以分谤也。"师从齐师于莘。

六月壬申,师至于靡笄之下。齐侯使请战,曰:"子以君师辱于敝邑,不腆敝赋,诘朝请见。"对曰:"晋与鲁、卫,兄弟也。来告曰:'大国朝夕释憾于敝邑之地。'寡君不忍,使群臣请于大国,无令舆师淹于君地。能进不能退,君无所辱命。"齐侯曰:"大夫之许,寡人之愿也。若其不许,亦将见也。"

齐高固入晋师,桀石以投人,禽之而乘其车,系桑本焉,以徇齐垒,曰:"欲勇者贾余余勇。"癸酉,师陈于鞌。邴夏御齐侯,逢丑父为右。晋解张御郤克,郑丘缓为右。齐侯曰:"余姑翦灭此而朝食。"不介马而驰之。郤克伤于矢,流血及屦,未绝鼓音,曰:"余病矣!"张侯曰:"自始合,而矢贯余手及肘,余折以御,左轮朱殷,岂敢言病。吾子忍之!"缓曰:"自始合,苟有险,余必下推车,子岂识之?然子病矣!"张侯曰:"师之耳目,在吾旗鼓,进退从之。此车一人殿之,可以集事,若之何其以病败君之大事也?擐甲执兵,固即死也。病未及死,吾子勉之!"左并辔,右援枹而鼓,马逸不能止,师从之。齐师败绩。逐之,三周华不注。

韩厥梦子舆谓己曰:"且(旦)辟左右。"故中御而从齐侯。邴夏曰:"射其御者,君子也。"公曰:"谓之君子而射之,非礼也。"射其左,越于车下。射其右,毙于车中。綦毋张丧车,从韩厥,曰:"请寓乘。"从左右,皆肘之,使立于后。韩厥俛定其右。逢丑父与公易位。将及华泉,骖絓于木而止。丑父寝于轏中,蛇出于其下,以肱击之,伤而匿之,故不能推车而及。

韩厥执絷马前,再拜稽首,奉觞加璧以进,曰:"寡君使群臣为鲁、卫请,曰:'无令舆师陷入君地。'下臣不幸,属当戎行,无所逃隐。且惧奔辟,而忝两君,臣辱戎士,敢告不敏,摄官承乏。"丑父使公下,如华泉取饮。郑周父御佐车,宛茷为右,载齐侯以免。韩厥献丑父,郤献子将戮之。呼曰:"自今无有代其君任患者,有一于此,将为戮乎?"郤子曰:"人不难以死免其君。我戮之不祥,赦之以劝事君者。"乃免之。

齐侯免,求丑父,三入三出。每出,齐师以帅退。入于狄卒,狄卒皆抽戈楯冒之。以入于卫,卫师免之。遂自徐关入。齐侯见保者,曰:"勉之!齐师败矣。"辟女子,女子曰:"君免乎?"曰:"免矣。"曰:"锐司徒免乎?"曰:"免矣。"曰:"苟君与吾父免矣,可若何?"乃奔。齐侯以为有礼,既而问之,辟司徒之妻也。予之石窌。

晋师从齐师,入自丘舆,击马陉。齐侯使宾媚人赂以纪甗、玉磬与地,不可,则听客之所为。宾媚人致赂,晋人不可,曰:"必以萧同叔子为质,而使齐之封内尽东其亩。"对曰:"萧同叔子非他,寡君之母也。若以匹敌,则亦晋君之母也。吾子布大命于诸侯,而曰必质其母以为信。其若王命何?且是以不孝令也。《诗》曰:'孝子不匮,永锡尔类。'若以不孝令于诸侯,其无乃非德类也乎?先王疆理天下,物土之宜,而布其利,故《诗》曰:'我疆我理,南东其亩。'今吾子疆理诸侯,而曰尽东其亩而已,唯吾子戎车是利,无顾土宜,其无乃非先王之命也乎?反先王则不义,何以为盟主?其晋实有阙。四王之王也,树德而济同欲焉。五伯之霸也,勤而抚之,以役王命。今吾子求合诸侯,以逞无疆之欲。《诗》曰'布政优优,百禄是遒。'子实不优,而弃百禄,诸侯何害焉?不然,寡君之命使臣则有辞矣,曰:'子以君师辱于敝邑,不腆敝赋,以犒从者。畏君之震,师徒桡败。吾子惠徼齐国之福,不泯其社稷,使继旧好,唯是先君之敝器、土地不敢爱。子又不许,请收合余烬,背城借一。敝邑之幸,亦云从也。况其不幸,敢不唯命是听。'"

鲁、卫谏曰:"齐疾我矣。其死亡者,皆亲昵也。子若不许,仇我必甚。唯子则又何求?子得其国宝,我亦得地,而纾于难,其荣多矣!齐、晋亦唯天所授,岂必晋?"晋人许之,对曰:"群臣帅赋舆,以为鲁、卫请,若苟有以藉口而复于寡君,君之惠也。敢不唯命是听。"禽郑自师逆公。

秋七月,晋师及齐国佐盟于爰娄,使齐人归我汶阳之田。公会晋师于上鄍,赐三帅先路三命之服,司马、司空、舆帅、候正、亚旅,皆受一命之服。

晋师归,范文子后入。武子曰:"无为吾望尔也乎?"对曰:"师有功,国人喜以逆之。先入,必属耳目焉,是代帅受名也,故不敢。"武子曰:"吾知免矣。"郤伯见,公曰:"子之力也夫!"对曰:"君之训也,二三子之力也,臣何力之有焉!"范叔见,劳之如郤伯。对曰:"庚所命也,克之制也,燮何力之有焉?"栾伯见公亦如之。对曰:"燮之诏也,士用命也,书何力之有焉?"

礼记·檀弓（五则）

孔子过泰山侧，有妇人哭于墓者而哀，夫子式而听之，使子路问之曰："子之哭也，壹似重有忧者而？"曰："然。昔者吾舅死于虎，吾夫又死焉，今吾子又死焉。"夫子曰："何为不去也？"曰："无苛政。"夫子曰："小子识之：苛政猛于虎也！"

有子问于曾子曰："问丧于夫子乎？"曰："闻之矣。'丧欲速贫，死欲速朽'。"有子曰："是非君子之言也。"曾子曰："参也闻诸夫子也。"有子又曰："是非君子之言也。"曾子曰："参也与子游闻之。"有子曰："然。然则夫子有为言之也。"曾子以斯言告于子游。子游曰："甚哉，有子之言似夫子也。昔者，夫子居于宋，见桓司马自为石椁，三年而不成。夫子曰：'若是其靡也，死不如速朽之愈也。'死之欲速朽，为桓司马言之也。南宫敬叔反，必载宝而朝。夫子曰：'若是其货也，丧不如速贫之愈也。'丧之欲速贫，为敬叔言之也。"曾子以子游之言告于有子。有子曰："然！吾固曰非夫子之言也。"曾子曰："子何以知之？"有子曰："夫子制于中都：四寸之棺，五寸之椁。以斯知不欲速朽也。昔者夫子失鲁司寇，将之荆，盖先之以子夏，又申之以冉有；

以斯知不欲速贫也。"

知悼子卒,未葬。平公饮酒,师旷、李调侍,鼓钟。杜蒉自外来,闻钟声,曰:"安在?"曰:"在寝。"杜蒉入寝,历阶而升,酌曰:"旷饮斯!"又酌曰:"调饮斯!"又酌,堂上北面坐饮之。降趋而出。平公呼而进之,曰:"蒉!曩者尔心或开予,是以不与尔言。尔饮旷,何也?"曰:"子卯不乐。知悼子在堂,斯其为子卯也大矣!旷也,大师也。不以诏,是以饮之也。""尔饮调,何也?"曰:"调也,君之亵臣也。为一饮之食,忘君之疾,是以饮之也。""尔饮,何也?"曰:"蒉也,宰夫也,非刀匕是共,又敢与知防,是以饮之也。"平公曰:"寡人亦有过焉,酌而饮寡人。"杜蒉洗而扬觯。公谓侍者曰:"如我死,则必毋废斯爵也!"至于今,既毕献,斯扬觯,谓之"杜举"。

齐大饥,黔敖为食于路,以待饿者而食之。有饿者蒙袂辑屦,贸贸然来。黔敖左奉食,右执饮,曰:"嗟,来食!"扬其目而视之,曰:"予唯不食嗟来之食,以至于斯也。"从而谢焉。终不食而死。曾子闻之,曰:"微与!其嗟与可去,其谢也可食。"

曾子寝疾,病。乐正子春坐于床下,曾元、曾申坐于足,童子隅坐而执烛。童子曰:"华而睆,大夫之箦与?"子春曰:"止。"曾子闻之,瞿然曰:"呼!"曰:"华而睆,大夫之箦与?"曾子曰:"然,斯季孙之赐也,我未之能易也。元,起易簧。"曾元曰:"夫子之病革矣,不可以变,幸而至于旦,请敬易之。"曾子曰:"尔之爱我也不如彼。君子之爱人也以德,细人之爱人也以姑息。吾何求哉?吾得正而毙焉,斯已矣!"举扶而易之,反席未安而没。

孟子选

知言养气章

公孙丑问曰:"夫子加齐之卿相,得行道焉,虽由此霸王,不异矣。如此,则动心否乎?"

孟子曰:"否,我四十不动心。"

曰:"若是,则夫子过孟贲远矣。"

曰:"是不难,告子先我不动心。"

曰:"不动心有道乎?"

曰:"有。北宫黝之养勇也,不肤挠,不目逃,思以一豪挫于人,若挞之于市朝,不受于褐宽博,亦不受于万乘之君。视刺万乘之君,若刺褐夫。无严诸侯,恶声至,必反之。孟施舍之所养勇也,曰:'视不胜犹胜也,量敌而后进,虑胜而后会,是畏三军者也。舍岂能为必胜哉?能无惧而已矣。'孟施舍似曾子,北宫黝似子夏。夫二子之勇,未知其孰贤,然而孟施舍守约也。昔者曾子谓子襄曰:'子好勇乎?吾尝闻大勇于夫子矣:自反而不缩,虽褐宽博,吾不惴焉;自反而缩,虽千万人,吾往矣。'孟施舍之守气,又不如曾子之守约也。"

曰:"敢问夫子之不动心与告子之不动心,可得闻与?"

"告子曰:'不得于言,勿求于心;不得于心,勿求于气。'不得于心,勿求于气,可;不得于言,勿求于心,不可。夫志,气之帅也;气,体之充也。夫志至焉,气次焉。故曰持其志,无暴其气。"

"既曰'志至焉,气次焉。'又曰'持其志,无暴其气'者,何也?"

曰:"志壹则动气,气壹则动志也,今夫蹶者趋者,是气也,而反动其心。"

"敢问夫子恶乎长?"

曰:"我知言,我善养吾浩然之气。"

"敢问何谓浩然之气?"

曰:"难言也。其为气也,至大至刚,以直养而无害,则塞于天地之间。其为气也,配义与道;无是,馁也。是集义所生者,非义袭而取之也。行有不慊于心,则馁矣。我故曰,告子未尝知义,以其外之也。必有事焉,而勿正,心勿忘,勿助长也。无若宋人然:宋人有闵其苗之不长而揠之者,芒芒然归,谓其人曰:'今日病矣!予助苗长矣!'其子趋而往视之,苗则槁矣。天下之不助苗长者寡矣。以为无益而舍之者,不耘苗者也;助之长者,揠苗者也,非徒无益,而又害之。"

"何谓知言?"

曰:"诐辞知其所蔽,淫辞知其所陷,邪辞知其所离,遁辞知其所穷。生于其心,害于其政;发于其政,害于其事。圣人复起,必从吾言矣。"

"宰我、子贡善为说辞，冉牛、闵子、颜渊善言德行。孔子兼之，曰：'我于辞命，则不能也。'然则夫子既圣矣乎？"

曰："恶！是何言也？昔者子贡问于孔子曰：'夫子圣矣乎？'孔子曰：'圣则吾不能，我学不厌而教不倦也。'子贡曰：'学不厌，智也；教不倦，仁也。仁且智，夫子既圣矣。'夫圣，孔子不居。是何言也？"

"昔者窃闻之：子夏、子游、子张皆有圣人之一体，冉牛、闵子、颜渊则具体而微，敢问所安？"

曰："姑舍是。"

曰："伯夷、伊尹何如？"

曰："不同道。非其君不事，非其民不使；治则进，乱则退，伯夷也。何事非君，何使非民；治亦进，乱亦进，伊尹也。可以仕则仕，可以止则止，可以久则久，可以速则速，孔子也。皆古圣人也。吾未能有行焉。乃所愿，则学孔子也。"

"伯夷、伊尹于孔子，若是班乎？"

曰："否。自有生民以来，未有孔子也。"

曰："然则有同与？"

曰："有。得百里之地而君之，皆能以朝诸侯，有天下；行一不义，杀一不辜，而得天下，皆不为也。是则同。"

曰："敢问其所以异。"

曰："宰我、子贡、有若，智足以知圣人，汙不至阿其所好。宰我曰：'以予观于夫子，贤于尧舜远矣。'子贡曰：'见其礼而知其政，闻其乐而知其德，由百世之后，等百世之王，莫之能违也。自生民以来，未有夫子也。'有若曰：'岂惟民哉？麒麟之于走兽，凤凰之于飞鸟，太山之于丘垤，河海之于行潦，类也。圣人之于民，亦类也。出于其类，拔乎其萃，自生民以来，未有盛于孔子也。'"

牛山之章

孟子曰：牛山之木尝美矣，以其郊于大国也，斧斤伐之，可以为美乎？是其日夜之所息，雨露之所润，非无萌蘖之生焉，牛羊又从而牧之，是以若彼濯濯也。人见其濯濯也，以为未尝有材焉，此岂山之性也哉？

虽存乎人者，岂无仁义之心哉？其所以放其良心者，亦犹斧斤之于木也，旦旦而伐之，可以为美乎？其日夜之所息，平旦之气，其好恶与人相近也者几希，则其旦昼之所为有梏亡之矣。梏之反复，则其夜气不足以存；夜气不足以存，则其违禽兽不远矣。人见其禽兽也，而以为未尝有才焉者，是岂人之情也哉？

故苟得其养，无物不长；苟失其养，无物不消。孔子曰："操则存，舍则亡；出入无时，莫知其乡。"惟心之谓与？

老子(五章)

三十辐，共一毂，当其无，有车之用；埏埴以为器，当其无，有器之用；凿户牖以为室，当其无，有室之用。故有之以为利，无之以为用。(十一章)

江海所以能为百谷王者，以其善下之，故能为百谷王。是以圣人欲上民，必以言下之；欲先民，必以身后之。是以圣人居上而民不重，处前而民不害。是以天下乐推而不厌。以其不争，故天下莫能与之争。(六十六章)

天下皆谓我道大，似不肖。夫唯大，故似不肖。若肖，久矣其细也夫！

我有三宝，持而保之：一曰慈，二曰俭，三曰不敢为天下先。慈，故能勇；俭，故能广；不敢为天下先，故能成器长。今舍其慈且勇，舍其俭且广，舍其后且先，死矣。

夫慈，以战则胜，以守则固。天将救之，以慈卫之。(六十七章)

天下柔弱莫过于水，而攻坚强者莫之能胜。其无以易之？弱之胜强，柔之胜刚，天下莫不知，莫能行。是以圣人云："受国之垢，是谓社稷主；受国之不祥，是谓天下王。"（七十八章）

民不畏死，奈何以死惧之？若使民常畏死而为奇者吾得而杀之，孰敢？

常有司杀者杀。夫代司杀者杀，是谓代大匠斫。夫代大匠斫，希有不伤其手矣。（七十四章）

庄子选

养生主

吾生也有涯,而知也无涯。以有涯随无涯,殆已;已而为知者,殆而已矣!为善无近名,为恶无近刑。缘督以为经,可以保身,可以全生,可以养亲,可以尽年。

庖丁为文惠君解牛,手之所触,肩之所倚,足之所履,膝之所踦,砉然,向然,奏刀騞然,莫不中音,合于桑林之舞,乃中经首之会。

文惠君曰:"嘻,善哉!技盖至此乎?"

庖丁释刀对曰:"臣之所好者道也,进乎技矣。始臣之解牛之时,所见无非全牛者。三年之后,未尝见全牛也。方今之时,臣以神遇而不以目视,官知止而神欲行。依乎天理,批大郤,导大窾,因其固然;技经肯綮之未尝,而况大軱乎!良庖岁更刀,割也;族庖月更刀,折也。今臣之刀十九年矣,所解数千牛矣,而刀刃若新发于硎。彼节者有间,而刀刃者无厚。以无厚入有间,恢恢乎其于游刃必有余地矣,是以十九年而刀刃若新发于硎。虽然,每至于族,吾见其难为,怵然为戒,视为止,行为迟,动刀甚微。謋然已解,如土委地。提刀而立,为之四顾,为之踌躇满志,善刀而藏之。"

文惠君曰:"善哉!吾闻庖丁之言,得养生焉。"

公文轩见右师而惊曰:"是何人也?恶乎介也?天与,其人与?"

曰:"天也,非人也。天之生是使独也,人之貌有与也。以是知其天也,非人也"。

泽雉十步一啄,百步一饮,不蕲畜乎樊中。神虽王,不善也。

老聃死,秦失吊之,三号而出。弟子曰:"非夫子之友邪?"曰:"然"。"然则吊焉若此,可乎?"曰:"然。始也吾以为其人也,而今非也。向吾入而吊焉,有老者哭之如哭其子,少者哭之如哭其母。彼其所以会之,必有不蕲言而言,不蕲哭而哭者。是遁天倍情,忘其所受,古者谓之遁天之刑。适来,夫子时也;适去,夫子顺也。安时而处顺,哀乐不能入也,古者谓是帝之县解。"

指穷于为薪,火传也,不知其尽也。

胠 箧

将为胠箧探囊发匮之盗而为守备,则必摄缄縢,固扃鐍,此世俗之所谓知也。然而巨盗至,则负匮揭箧担囊而趋,唯恐缄藤扃鐍之不固也。然则乡之所谓知者,不乃为大盗积者也!

故尝试论之,世俗所谓知者,有不为大盗积者乎?所谓圣者,有不为大盗守者乎?何以知其然邪?昔者齐国,邻邑相望,鸡狗之音相闻,罔罟之所布,耒耨之所刺,方二千余里。阖四竟之内，所以立宗庙社稷，治邑屋州闾乡曲者，曷尝不法圣人哉？然而田成子一旦杀齐君而盗其国。所盗者，岂独其国邪？并与其圣知之法而盗之。故田成子有乎盗贼之名，而身处尧舜之安。小国不敢非，大国不敢诛，十二世有齐国，则是不乃窃齐国并与其圣知之法以守其盗贼之身乎？

尝试论之，世俗之所谓至知者，有不为大盗积者乎？所谓至圣者，有不为大盗守者乎？何以知其然邪？昔者龙逢斩，比干剖，苌弘胣，子胥靡。故四子之贤而身不免乎戮。故跖之徒问于跖曰："盗亦有道乎？"跖曰："何适而无有道邪？夫妄意室中之藏，圣也；入先，勇也；出后，义也；知可否，知也；分均，仁也。五者不备而能成大盗者，天下未之有也。"

由是观之，善人不得圣人之道不立，跖不得圣人之道不行。天下之善人少而不善人多，则圣人之利天下也少而害天下也多。故曰：唇竭则齿寒，鲁酒薄而邯郸围，圣人生而大盗起。

掊击圣人，纵舍盗贼，而天下始治矣。夫川竭而谷虚，丘夷而渊实。圣人已死，则大盗不起，天下平而无故矣。圣人不死，大盗不止。虽重圣人而治天下，则是重利盗跖也。为之斗斛以量之，则并与斗斛而窃之；为之权衡以称之，则并与权衡而窃之；为之符玺以信之，则并与符玺而窃之；为之仁义以矫之，则并与仁义而窃之。何以知其然邪？彼窃钩者诛，窃国者为诸侯。诸侯之门而仁义存焉，则是非窃仁义圣知邪？故逐于大盗，揭诸侯，窃仁义，并斗斛权衡符玺之利者，虽有轩冕之赏弗能劝，斧钺之威弗能禁。此重利盗跖而使不可禁者，是乃圣人之过也。故曰：

"鱼不可脱于渊,国之利器不可以示人。"

彼圣人者,天下之利器也,非所以明天下也。故绝圣弃知,大盗乃止;擿玉毁珠,小盗不起;焚符破玺,而民朴鄙;掊斗折衡,而民不争;殚残天下之圣法,而民始可与论议;擢乱六律,铄绝竽瑟,塞师旷之耳,而天下始人含其聪矣;灭文章,散五采,胶离朱之目,而天下始人含其明矣。毁绝钩绳而弃规矩,攦工倕之指,而天下始人有其巧矣。故曰:大巧若拙。削曾、史之行,钳杨、墨之口,攘弃仁义,而天下之德始玄同矣。彼人含其明,则天下不铄矣;人含其聪,则天下不累矣;人含其知,则天下不惑矣;人含其德,则天下不僻矣。彼曾、史、杨、墨、师旷、工倕、离朱者,皆外立其德而爓乱天下者也,法之所无用也。

子独不知至德之世乎?昔者容成氏、大庭氏、伯皇氏、中央氏、栗陆氏、骊畜氏、轩辕氏、赫胥氏、尊卢氏、祝融氏、伏戏氏、神农氏,当是时也,民结绳而用之,甘其食,美其服,乐其俗,安其居,邻国相望,鸡狗之音相闻,民至老死而不相往来。若此之时,则至治已。今遂至使民延颈举踵曰:"某所有贤者,赢粮而趣之。"则内弃其亲而外去其主之事,足迹接乎诸侯之境,车轨结乎千里之外。则是上好知之过也。

上诚好知而无道,则天下大乱矣。何以知其然邪?夫弓弩、毕弋、机变之知多,则鸟乱于上矣;钩饵、网罟、罾笱之知多,则鱼乱于水矣;削格、罗落、罝罘之知多,则兽乱于泽矣;知诈渐毒、颉滑坚白、解垢同异之变多,则俗惑于辩矣。故天下每每大乱,罪在于好知。故天下皆知求其所不知而莫知求其所已知者,皆知非其所不善而莫知非其所已善者，是以大乱。故上悖日月之明，下烁山川之精，中堕四时之施，惴耎之虫，肖翘之物，莫不失其性。甚矣夫，好知之乱天下也！自三代以下者是已。舍夫种种之机而悦夫役役之佞，释夫恬淡无为而悦夫啍啍之意，啍啍已乱天下矣！

韩非子·说难

凡说之难,非吾知之有以说之之难也,又非吾辩之能明吾意之难也,又非吾敢横佚而能尽之难也。凡说之难,在知所说之心,可以吾说当之。所说出于为名高者也,而说之以厚利,则见下节而遇卑贱,必弃远矣。所说出于厚利者也,而说之以名高,则见无心而远事情,必不收矣。所说阴为厚利而显为名高者也,而说之以名高,则阳收其身而实疏之;说之以厚利,则阴用其言显弃其身矣。此不可不察也。

夫事以密成,语以泄败。未必其身泄之也,而语及所匿之事,如此者身危。彼显有所出事,而乃以成他故,说者不徒知所出而已矣,又知其所以为,如此者身危。规异事而当,知者揣之外而得也,事泄于外,必以为己也,如此者身危。周泽未渥也,而语极知,说行而有功,则德忘;说不行而有败,则见疑,如此者身危。贵人有过端,而说者明言礼义以挑其恶,如此者身危。贵人或得计而欲自以为功,说者与知焉,如此者身危。强以其所不能为,止以其所不能已,如此者身危。故与之论大人,则以为间己矣;与之论细人,则以为卖重。论其所爱,则以为借资;论其所憎,则以为尝己也。径省其说,则以为不智而拙之;米盐博辩,则以为多而交之。略事陈意,则曰怯懦而不尽;虑事广肆,则曰草野而倨侮。此说之难,不可不知也。

凡说之务,在知饰所说之所矜而灭其所耻。彼有私急也,必以公义示而强之。其意有下也,然而不能已,说者因为之饰其美而少其不为也。其心有高也,而实不能及,说者为之举其过而见其恶,而多其不行也。有欲矜以智能,则为之举异事之同类者,多为之地,使之资说于我而佯不知也,以资其智。欲内相存之言,则必以美名明之,而微见其合于私利也。欲陈危害之事,则显其毁诽而微见其合于私患也。誉异人与同行者,规异事与同计者。有与同污者,则必以大饰其无伤也;有与同败者,则必以明饰其无失也。彼自多其力,则毋以其难概之也;自勇其断,则毋以其谪怒之;自智其计,则毋以其败窮之。大意无所拂忤,辞言无所击摩,然后极骋智辩焉。此道所得亲近不疑而得尽辞也。

伊尹为宰,百里奚为虏,皆所以干其上也。此二人者,皆圣人也;然犹不能无役身以进,如此其污也。今以吾言为宰虏,而可以听用而振世,此非能仕之所耻也。夫旷日离久,而周泽既渥,深计而不疑,引争而不罪,则明割利害以致其功,直指是非以饰其身,以此相持,此说之成也。

昔者郑武公欲伐胡,故先以其女妻胡君以娱其意。因问于群臣:"吾欲用兵,谁可伐者?"大夫关其思对曰:"胡可伐。"武公怒而戮之,曰:"胡,兄弟之国也。子言伐之,何也?"胡君闻之,以郑为亲己,遂不备郑。郑人袭胡,取之。宋有富人,天雨墙坏。其子曰:"不筑,必将有盗。"其邻人之父亦云。暮而果大亡其财。其家甚智其子,而疑邻人之父。此二人说者皆当矣,厚者为戮,薄者见疑,则非知之难也,处之则难也。故绕朝之言当矣,其为圣人于晋而为戮于秦也。此不可不察。

昔者,弥子瑕有宠于卫君。卫国之法,窃驾君车者,罪刖。弥子瑕母病,人闻,往夜告弥子,弥子矫驾君车以出。君闻而贤之,曰:"教哉!为母之故,亡其刖罪。"异日,与君游于果园,食桃而甘,不尽,以其半啖君。君曰:"爱我哉!忘其口味以啖寡人。"及弥子色衰爱弛,得罪于君,君曰:"是固尝矫驾吾车,又尝啖我以余桃。"故弥子之行未变于初也,而以前之所以见贤而后获罪者,爱憎之变也。故有爱于主,则智当而加亲;有憎于主,则智不当而加疏。故谏说谈论之士,不可不察主之爱憎而后说焉。夫龙之为虫也,柔可狎而骑也;然其喉下有逆鳞径尺,若人有婴之者,则必杀人。人主亦有逆鳞,说者能无婴人主之逆鳞,则几矣。

战国策·鲁仲连义不帝秦

秦围赵之邯郸。魏安厘王使将军晋鄙救赵,畏秦,止于荡阴不进。魏王使客将军辛垣衍间入邯郸,因平原君谓赵王曰:"秦所以急围赵者,前与齐湣王争强为帝,已而复归帝,以齐故;今齐湣王已益弱,方今唯秦雄天下,此非必贪邯郸,其意欲求为帝。赵诚发使尊秦昭王为帝,秦必喜,罢兵去。"平原君犹豫未有所决。

此时鲁仲连适游赵,会秦围赵,闻魏将欲令赵尊秦为帝,乃见平原君曰:"事将奈何矣?"平原君曰:"胜也何敢言事!百万之众折于外,今又内围邯郸而不去。魏王使客将军辛垣衍令赵帝秦,今其人在是。胜也何敢言事!"鲁连曰:"始吾以君为天下之贤公子也,吾乃今然后知君非天下之贤公子也。梁客辛垣衍安在?吾请为君责而归之!"平原君曰:"胜请为召而见之于先生。"平原君遂见辛垣衍曰:"东国有鲁连先生,其人在此,胜请为绍介而见之于先生。"辛垣衍曰:"吾闻鲁连先生,齐国之高士也。衍,人臣也,使事有职。吾不愿见鲁连先生也。"平原君曰:"胜已泄之矣。"辛垣衍许诺。

鲁连见辛垣衍而无言。辛垣衍曰:"吾视居此围城之中者,皆有求于平原君者也。今吾视先生之玉貌,非有求于平原君者,曷为久居此围城中而不去也?"鲁连曰:"世以鲍焦无从容而死者,皆非也。今众人不知,则为一身。彼秦者,弃礼义而上首功之国也,权使其士,虏使其民,彼则肆然而为帝,过而遂正于天下,则连有赴东海而死耳,吾不忍为之民也!所为见将军者,欲以助赵也。"辛垣衍曰:"先生助之奈何?"鲁连曰:"吾将使梁及燕助之,齐楚则固助之矣。"辛垣衍曰:"燕则吾请以从矣;若乃梁,则吾乃梁人也,先生恶能使梁助之耶?"鲁连曰:"梁未睹秦称帝之害故也。使梁睹秦称帝之害,则必助赵矣。"辛垣衍曰:"秦称帝之害将奈何?"鲁仲连曰:"昔齐威王尝为仁义矣,率天下诸侯而朝周。周贫且微,诸侯莫朝,而齐独朝之。居岁余,周烈王崩,诸侯皆吊,齐后往。周怒,赴于齐曰:'天崩地坼,天子下席,东藩之臣田婴齐后至,则斮之!'威王勃然怒曰:'叱嗟!而母婢也!'卒为天下笑。故生则朝周,死则叱之,诚不忍其求也。彼天子固然,其无足怪。"

辛垣衍曰:"先生独未见夫仆乎?十人而从一人者,宁力不胜、智不若邪?畏之也。"鲁仲连曰:"然梁之比于秦若仆邪?"辛垣衍曰:"然。"鲁仲连曰:"然吾将使秦王烹醢梁王!"辛垣衍怏然不悦,曰:"嘻,亦太甚矣,先生之言也!先生又恶能使秦王烹醢梁王?"鲁仲连曰:"固也,待吾言之!昔者鬼侯、鄂侯、文王,纣之三公也。鬼侯有子而好,故入之于纣,纣以为恶,醢鬼侯。鄂侯争之急,辨之疾,故脯鄂侯。文王闻之,喟然而叹,故拘之于牖里之库,百日而欲令之死。曷为与人俱称帝王,卒就脯醢之地也?齐闵王将之鲁,夷维子执策而从,谓鲁人曰:'子将何以待吾君?'鲁人曰:'吾将以十太牢待子之君。'维子曰:'子安取礼而来待吾君?彼吾君者,天子也。天子巡狩,诸侯辟舍,纳于筦键,摄衽抱几,视膳于堂下;天子已食,退而听朝也。'鲁人投其钥,不果纳,不得入于鲁。将之薛,假涂于邹。当是时,邹君死,闵王欲入吊。夷维子谓邹之孤曰:'天子吊,主人必将倍殡柩,设北面于南方,然后天子南面吊也。'邹之群臣曰:'必若此,吾将伏剑而死。'故不敢入于邹。邹、鲁之臣,生则不得事养,死则不得饭含,然且欲行天子之礼于邹、鲁之臣,不果纳。今秦万乘之国,梁亦万乘之国,俱称万乘之国,交有称王之名。睹其一战而胜,欲从而帝之,是使三晋之大臣,不如邹、鲁之仆妾也。且秦无已而帝,则且变易诸侯之大臣,彼将夺其所谓不肖而予其所谓贤,夺其所憎而与其所爱;彼又将使其子女谗妾,为诸侯妃姬,处梁之宫,梁王安得晏然而已乎?而将军又何以得故宠乎?"于是辛垣衍起,再拜谢曰:"始以先生为庸人,吾乃今日而知先生为天下之士也!吾请去,不敢复言帝秦!"秦将闻之,为却军五十里。适会魏公子无忌夺晋鄙军以救赵击秦,秦军引而去。

　　于是平原君欲封鲁仲连。鲁仲连辞让者三,终不肯受。平原君乃置酒,酒酣,起前,以千金为鲁连寿。鲁连笑曰:"所贵于天下之士者,为人排患释难、解纷乱而无所取也。即有所取者,是商贾之人也。仲连不忍为也。"遂辞平原君而去,终身不复见。

史记选

司马穰苴列传

司马穰苴者，田完之苗裔也。齐景公时，晋伐阿、甄，而燕侵河上，齐师败绩。景公患之。晏婴乃荐田穰苴曰："穰苴虽田氏庶孽，然其人文能附众，武能威敌，原君试之。"景公召穰苴，与语兵事，大说之，以为将军，将兵扞燕、晋之师。穰苴曰："臣素卑贱，君擢之闾伍之中，加之大夫之上，士卒未附，百姓不信，人微权轻，原得君之宠臣，国之所尊，以监军，乃可。"于是景公许之，使庄贾往。

穰苴既辞，与庄贾约曰："旦日日中会于军门。"穰苴先驰至军，立表，下漏，待贾。贾素骄贵，以为将己之军而己为监，不甚急。亲戚左右送之，留饮，日中而贾不至。穰苴则仆表决漏，入行军勒兵，申明约束。约束既定，夕时，庄贾乃至。穰苴曰："何后期为？"贾谢曰："不佞，大夫亲戚送之，故留。"穰苴曰："将受命之日则忘其家，临军约束则忘其亲，援枹鼓之急则忘其身。今敌国深侵，邦内骚动，士卒暴露于境，君寝不安席，食不甘味，百姓之命皆悬于君，何谓相送乎！"召军正问曰："军法期而后至者云何？"对曰："当斩。"庄贾惧，使人驰报景公求救。既往，未及反，于是遂斩庄贾以徇三军。三军之士皆振栗。

久之，景公遣使者持节赦贾，驰入军中。穰苴曰："将在军，君令有所不受。"问军正曰："军中不驰，今使者驰云何？"正曰："当斩。"使者大惧。穰苴曰："君之使，不可以杀之。"乃斩其仆，车之左驸，马之左骖，以徇三军。遣使者还报，然后行。

士卒次舍，井灶饮食，问疾医药，身自拊循之。悉取将军之资粮享士卒，身与士卒平分粮食。最比其羸弱者，三日而后勒兵。病者皆求行，争奋出为之赴战。晋师闻之，为罢去。燕师闻之，度水而解。于是追击之，遂取所亡封内故境而引兵归。

未至国，释兵旅，解约束，誓盟而后入邑。景公与诸大夫郊迎，劳师成礼，然后反归寝。既见穰苴，尊为大司马。

田氏日以益尊于齐。已而大夫鲍氏、高、国之属害之，谮于景公。景公退穰苴，苴发疾而死。田乞、田豹之徒由此怨高、国等。其后及田常杀简公，尽灭高子、国子之族。至常曾孙和，因自立为齐威王，用兵行威，大放穰苴之法，而诸侯朝齐。齐威王使大夫追论古者司马兵法而附穰苴于其中，因号曰《司马穰苴兵法》。

太史公曰：余读《司马兵法》，闳廓深远，虽三代征伐，未能竟其义如其文也，亦少褒矣！若夫穰苴区区为小国行师，何暇及《司马兵法》之揖让乎？世既多《司马兵法》，以故不论，著穰苴之列传焉。

魏其武安侯列传

魏其侯窦婴者,孝文后从兄子也。父世观津人,喜宾客。孝文时,婴为吴相,病免。孝景初即位,为詹事。梁孝王者,孝景弟也,其母窦太后爱之。梁孝王朝,因昆弟燕饮。是时,上未立太子。酒酣,从容言曰:"千秋之后传梁王。"太后欢。窦婴引卮酒敬上曰:"天下者,高祖天下。父子相传,此汉之约也。上何以得擅传梁王?"太后由此憎窦婴。窦婴亦薄其官,因病免。太后除窦婴门籍,不得入朝请。孝景三年,吴楚反,上察宗室诸窦,毋如窦婴贤,乃召婴。婴入见,固辞,谢病不足任。太后亦惭,于是上曰:"天下方有急,王孙宁可让邪?"乃拜婴为大将军,赐金千斤。窦婴乃言袁盎、栾布诸名将贤士在家者进之。所赐金,陈之廊庑下,军吏过,辄令财取为用,金无入家者。窦婴守荥阳,监齐、赵兵。七国兵已尽破,封婴为魏其侯。诸游士宾客,争归魏其侯。孝景时,每朝议大事,条侯、魏其侯,诸列侯莫敢与亢礼。

孝景四年,立栗太子,使魏其侯为太子傅。孝景七年,栗太子废,魏其数争,不能得。魏其谢病,屏居蓝田南山之下。数月,诸宾客辩士说之,莫能来。梁人高遂乃说魏其曰:"能富贵将军者,上也;能亲将军者,太后也。今将军傅太子,太子废而不能争,争不能得,又弗能死,自引谢病,拥赵女,屏闲处而不朝。相提而论,是自明扬主上之过。有如两宫螫将军,则妻子毋类矣。"魏其侯然之,乃遂起,朝请如故。

桃侯免相，窦太后数言魏其侯。孝景帝曰："太后岂以为臣有爱，不相魏其？魏其者，沾沾自喜耳，多易。难以为相，持重。"遂不用，用建陵侯卫绾为丞相。

武安侯田蚡者，孝景后同母弟也，生长陵。魏其已为大将军后，方盛。蚡为诸郎，未贵，往来侍酒魏其，跪起如子侄。及孝景晚节，蚡益贵幸，为太中大夫。蚡辩有口，学《盘盂》诸书。王太后贤之。

孝景崩，即日太子立，称制。所镇抚，多有田蚡宾客计筴。蚡弟田胜，皆以太后弟，孝景后三年，封蚡为武安侯，胜为周阳侯。武安侯新用事，欲为相，卑下宾客，进名士家居者贵之，欲以倾魏其诸将相。建元元年，丞相绾病免，上议置丞相、太尉。籍福说武安侯曰："魏其贵久矣，天下士素归之。今将军初兴，未如魏其，即上以将军为丞相，必让魏其。魏其为丞相，将军必为太尉。太尉、丞相尊等耳，又有让贤名。"武安侯乃微言太后风上，于是乃以魏其侯为丞相，武安侯为太尉。籍福贺魏其侯，因吊曰："君侯资性，喜善疾恶。方今善人誉君侯，故至丞相。然君侯且疾恶，恶人众，亦且废君侯。君侯能兼容，则幸久；不能，今以毁去矣。"魏其不听。

魏其、武安俱好儒术，推毂赵绾为御史大夫，王臧为郎中令，迎鲁申公，欲设明堂。令诸侯就国除关，以礼为服制，以兴太平。举适诸窦宗室毋节行者，除其属籍。时诸外家为列侯，列侯多尚公主，皆不欲就国，以故毁日至窦太后。太后好黄老之言，而魏其、武安、赵绾、王臧等，务隆推儒术，贬道家言。是以窦太后滋不说魏其等。及建元二年，御史大夫赵绾请无奏事东宫。窦太后大怒，乃罢逐赵绾、王臧等，而免丞相、太尉。以柏至侯许昌为丞相，武强侯庄青翟为御史大夫。魏其、武安由此以侯家居。

武安侯虽不任职，以王太后故，亲幸，数言事，多效，天下吏士趋势利者，皆去魏其归武安。武安日益横。建元六年，窦太后崩，丞相昌、御史大夫青翟坐丧失不办，免，以武安侯蚡为丞相，以大司农韩安国为御史大夫。天下士、郡国诸侯愈益附武安。武安者，貌侵，生贵甚。又以为诸侯王多长，上初即位，富于春秋，蚡以肺腑为京师相，非痛折节以礼诎之，天下不肃。当时是，丞相入奏事，坐语移日，所言皆听。荐人或起家至二千石，权移主上。上乃曰："君除吏已尽未？吾亦欲除吏！"尝请考工地益宅。上怒曰："君何不遂取武库！"是后乃退。尝召客饮，坐其兄盖侯南乡，自坐东乡，以为汉相尊，不可以兄故私桡。武安由此滋骄。治宅甲诸地，田园极膏腴，而市买郡县器物，相属于道。前堂罗钟鼓，立曲旃，后房妇女以百数。诸侯奉金玉狗马玩好，不可胜数。

魏其失窦太后，益疏不用，无势。诸客稍稍自引而怠傲。唯灌将军独不失。故魏其日默默不得志，而独厚遇灌将军。

灌将军夫者，颍阴人也。夫父张孟，尝为颍阴侯婴舍人，得幸，因进之，至二千石，故蒙灌氏姓，为灌孟。吴、楚反时，颍阴侯灌何为将军，属太尉，请灌孟为校尉，夫与千人与父俱。灌孟年老，颍阴侯强请之，郁郁不得意，故战常陷坚，遂死吴军中。

军法：父子俱从军，有死事，得以丧归。灌夫不肯随丧归，奋曰："愿取吴王若将军头以报父之仇。"于是，灌夫披甲持戟，募军中壮士所善愿从者数十人。及出壁门，莫敢前，独二人及从奴十余骑，驰入吴军，至吴将麾下，所杀伤数十人。不得前，复驰还，走入汉壁，皆亡其奴，独与一骑归。夫身中大创十余，适有万金良药，故得无死。夫创少瘳，又复请将军曰："吾益知吴壁中曲折，请复往。"将军壮义之，恐亡夫，乃言太尉。太尉乃固止之。吴已破，灌夫以此名闻天下。颍阴侯言之上，上以夫为中郎将。数月，坐法去。后家居长安，长安中诸公莫弗称之。

孝景时，至代相。孝景崩，今上初即位，以为淮阳天下交劲兵处，故徙夫为淮阳太守。建元元年，入为太仆。二年，与长乐卫尉窦甫饮，轻重不得。夫醉，搏甫。甫，窦太后昆弟也。上恐太后诛夫，徙为燕相。数月，坐法去官，家居长安。

灌夫为人，刚直使酒，不好面谀。贵戚诸有势在己之右，不欲加礼，必陵之。诸士在己之左，愈贫贱，尤益敬，与钧。稠人广众，荐宠下辈，士亦以此多之。夫不喜文学，好任侠，已然诺。诸所与交通，无非豪杰大猾。家累数千万，食客日数十百人。陂池田园，宗族宾客为权利，横于颍川。颍川儿乃歌之曰："颍水清，灌氏宁；颍水浊，灌氏族。"

灌夫家居，虽富，然失势，卿相侍中宾客益衰。及魏其侯失势，亦欲倚灌夫，引绳批根生平慕之后弃之者。灌夫亦倚魏其而通列侯宗室为名高。两人相为引重，其游如父子然，相得欢甚无厌，恨相知晚也。

灌夫有服,过丞相。丞相从容曰:"吾欲与仲孺过魏其侯,会仲孺有服。"灌夫曰:"将军乃肯幸临,况魏其侯,夫安敢以服为解?请语魏其侯帐具,将军且日蚤临!"武安许诺。灌夫具语魏其侯,如所谓武安侯。魏其与其夫人益市牛酒,夜洒扫,早帐具至旦。平明,令门下候伺。至日中,丞相不来。魏其谓灌夫曰:"丞相岂忘之哉?"灌夫不怿曰:"夫以服请,宜往。"乃驾自往迎丞相。丞相特前戏许灌夫,殊无意往。及夫至门,丞相尚卧。于是夫入见曰:"将军昨日幸许过魏其,魏其夫妻治具,自旦至今,未敢尝食。"武安鄂谢曰:"吾昨日醉,忽忘与仲孺言!"乃驾往,又徐行,灌夫愈益怒。及饮,酒酣,夫起舞,属丞相,丞相不起,夫从坐上语侵之。魏其乃扶灌夫去,谢丞相。丞相卒饮至夜,极欢而去。

丞相尝使籍福请魏其城南田,魏其大望曰:"老仆虽弃,将军虽贵,宁可以势夺乎?"不许。灌夫闻,怒骂籍福。籍福恶两人有郄,乃谩自好谢丞相,曰:"魏其老且死,易忍,且待之。"已而武安闻魏其、灌夫实怒不予田,亦怒曰:"魏其子尝杀人,蚡活之。蚡事魏其,无所不可,何爱数顷田?且灌夫何与也?吾不敢复求田!"武安由此大怨灌夫、魏其。

元光(四)三年春,丞相言:"灌夫家在颍川,横甚,民苦之。请案。"上曰:"此丞相事,何请?"灌夫亦持丞相阴事,为奸利。受淮南王金,与语言。宾客居间,遂止,俱解。

夏,丞相取燕王女为夫人,有太后诏,召列侯宗室皆往贺。魏其侯过灌夫,欲与俱。夫谢曰:"夫数以酒失,得过丞相,丞相今者又与夫有郤。"魏其曰："事已解。"强与俱。饮酒酣，武安起为寿，坐皆避席伏。已，魏其侯为寿，独故人避席耳，余半膝席。灌夫不悦，起行酒，至武安，武安膝席曰："不能满觞。"夫怒，因嘻笑曰："将军，贵人也，属之！"时武安不肯。行酒，次至临汝侯，临汝侯方与程不识耳语，又不避席。夫无所发怒，乃骂临汝侯曰："生平毁程不识不直一钱，今日长者为寿，乃效女儿呫嗫耳语！"武安谓灌夫曰："程、李俱东西宫卫尉，今众辱程将军，仲孺独不为李将军地乎？"灌夫曰："今日斩头陷胸，何知程、李乎？"坐乃起更衣，稍稍去。魏其侯去，麾灌夫出。武安遂怒曰："此吾骄灌夫罪。"乃令骑留灌夫。灌夫欲出不得。籍福起为谢，案灌夫项，令谢。夫愈怒，不肯谢。武安乃麾骑缚夫，置传舍，召长史曰："今日召宗室有诏。"劾灌夫骂坐不敬，系居室。遂按其前事，遣吏分曹逐捕诸灌氏之属，皆得弃市罪。魏其侯大愧，为资，使宾客请，莫能解。武安吏皆为耳目，诸灌氏皆亡匿。夫系，遂不得告言武安阴事。

　　魏其锐身为救灌夫，夫人谏魏其曰："灌将军得罪丞相，与太后家忤，宁可救邪？"魏其侯曰："侯自我得之，自我捐之，无所恨。且终不令仲孺独死，婴独生！"乃匿其家，窃出上书。立召入，具言灌夫醉饱事，不足诛。上然之，赐魏其食，曰："东朝廷辩之。"魏其之东朝，盛推灌夫之善，言其醉饱得过，乃丞相以他事诬罪之。武安又盛毁灌夫，所为横恣，罪逆不道。魏其度不可奈何，因言丞相短。武安曰："天下幸而安乐无事，蚡得为肺腑，所好音乐、狗马、田宅。蚡所爱，倡优巧匠之属，不如魏其、灌夫日夜招聚天下豪杰壮士与论议,腹诽而心谤,不仰视天而俯画地,辟倪两宫间,幸天下有变,而欲有大功,臣乃不知魏其等所为!"于是上问朝臣:"两人孰是?"御史大夫韩安国曰:"魏其言'灌夫父死事,身荷戟驰入不测之吴军,身被数十创,名冠三军。此天下壮士,非有大恶,争杯酒,不足引他过以诛也'。魏其言是也。丞相亦言:'灌夫通奸猾,侵细民,家累巨万,横恣颍川,凌轹宗室,侵犯骨肉,此所谓枝大于本,胫大于股,不折必披。'丞相言亦是。唯明主裁之!"主爵都尉汲黯是魏其。内史郑当时是魏其,后不敢坚对。余皆莫敢对。上怒内史曰:"公平生数言魏其、武安长短,今日廷论,局趣效辕下驹。吾并斩若属矣。"即罢起,入。上食太后,太后亦已使人候伺,具以告太后。太后怒,不食,曰:"今我在也,而人皆藉吾弟,令我百岁后,皆鱼肉之矣!且帝宁能为石人邪?此特帝在,即录录,设百岁后,是属宁有可信者乎?"上谢曰:"俱宗室外家,故廷辩之。不然,此一狱吏所决耳。"

是时,郎中令石建为上分别言两人事。武安已罢朝,出止车门,召御史大夫载,怒曰:"与长孺共一老秃翁,何为首鼠两端?"韩御史良久谓丞相曰:"君何不自喜?夫魏其毁君,君当免冠解印绶归,曰:'臣以肺腑,幸得待罪,因非其任,魏其皆是。'如此,上必多君有让,不废君。魏其必内愧,杜门齰舌自杀。今人毁君,君亦毁人,譬如贾竖女子争言,何其无大体也!"武安谢罪曰:"争时急,不知出此!"于是上使御史簿责魏其,所言灌夫颇不雠,欺谩,劾系都司空。

孝景时，魏其常受遗诏曰："事有不便，以便宜论上。"及系，灌夫罪至族，事日急，诸公莫敢复明言于上，魏其乃使昆弟子上书言之，幸得复召见。书奏上，而案尚书，大行无遗诏，诏书独藏魏其家，家丞封。乃劾魏其矫先帝诏，罪当弃市。四（五）年十月，悉论灌夫及家属。魏其良久乃闻，闻即恚，病痱，不食欲死。或闻上无意杀魏其，魏其复食，治病，议定不死矣。乃有蜚语为恶言闻上，故以十二月晦，论弃市渭城。其春，武安侯病，专呼服谢罪，使巫视鬼者视之，见魏其、灌夫共守欲杀之，竟死。子恬嗣。

元朔三年，武安侯坐衣襜褕入宫，不敬。淮南王安谋反，觉，治。王前朝，武安侯为太尉时，迎王至霸上，谓王曰："上未有太子，大王最贤，高祖孙，即宫车晏驾，非大王立，当谁哉？"淮南王大喜，厚遗金财物。上自魏其时，不直武安，特为太后故耳，及闻淮南王金事，曰："使武安侯在者，族矣！"

太史公曰：魏其、武安皆以外戚重。灌夫用一时决策而名显，魏其之举以吴、楚。武安之贵在日月之际。然魏其不知时变，灌夫无术而不逊，两人相翼，乃成祸乱。武安负贵而好权，杯酒责望，陷彼两贤。呜呼哀哉！迁怒及人，命亦不延。众庶不载，竟被恶言。呜呼哀哉！祸所从来矣。

汉书·李广苏建传

李广,陇西成纪人也。其先曰李信,秦时为将,逐得燕太子丹者也。

广世世受射。孝文十四年,匈奴大入萧关,而广以良家子从军击胡,用善射,杀首虏多,为郎骑常侍。数从射猎,格杀猛兽。文帝曰:"惜广不逢时,令当高祖世,万户侯岂足道哉!"

景帝即位,为骑郎将。吴、楚反时,为骁骑都尉,从太尉亚夫战昌邑下显名。以梁王授广将军印,故还赏不行。为上谷太守,数与匈奴战。典属国公孙昆邪为上泣曰:"李广材气,天下亡双,自负其能,数与虏确,恐亡之。"上乃徙广为上郡太守。

匈奴侵上郡,上使中贵人从广,勒习兵,击匈奴。中贵人者数十骑从,见匈奴三人,与战。射伤中贵人,杀其骑且尽。中贵人走广,广曰:"是必射雕者也。"广乃从百骑往驰三人。三人亡马步行,行数十里。广令其骑张左右翼,而广身自射彼三人者,杀其二人,生得一人,果匈奴射雕者也。已缚之上山,望匈奴数千骑,见广,以为诱骑,惊,上山陈。广之百骑皆大恐,欲驰还走。广曰:"我去大军数十里,今如此走,匈奴追射,我立尽。今我留,匈奴必以我为大军之诱,不我击。"广令曰:"前!"未到匈奴陈二里,所,止,令曰:"皆下马解鞍!"骑曰:"虏多如是,解鞍,即急,奈何?"广曰:"彼虏以我为走,今解鞍以示不去,用坚其意。"有白马将出护兵。广上马,与十余骑奔,射杀白马将,而复还至其百骑中,解鞍,纵马卧。时会暮,胡兵终怪之,弗敢击。夜半,胡兵以为汉有伏军于傍欲夜取之,即引去。平旦,广乃归其大军。后徙为陇西、北地、雁门、云中太守。

武帝即位,左右言广名将也,由是入为未央卫尉,而程不识时亦为长乐卫尉。程不识故与广俱以边太守将屯。及出击胡,而广行无部曲行陈,就善水草顿舍,人人自便,不击刁斗自卫,莫府省文书,然亦远斥候,未尝遇害。程不识正部曲行伍营陈,击刁斗,吏治军簿至明,军不得自便。不识曰:"李将军极简易,然虏卒犯之无以禁,而其士亦佚乐,为之死。我军虽烦忧,虏亦不得犯我。"是时,汉边郡李广、程不识为名将,然匈奴畏广,士卒多乐从,而苦程不识。不识,孝景时以数直谏为太中大夫,为人廉,谨于文法。后汉诱单于以马邑城,使大军伏马邑傍,而广为骁骑将军,属护军将军。单于觉之去,汉军皆无功。

后四岁,广以卫尉为将军,出雁门击匈奴。匈奴兵多,破广军,生得广。单于素闻广贤,令曰:"得李广必生致之。"胡骑得广,广时伤,置两马间,络而盛之,卧行十余里。广阳死,睨其傍有一儿骑善马,暂腾而上胡儿马,因抱儿鞭马南驰数十里,得其余军。匈奴骑数百追之,广行取儿弓射杀追骑,以故得脱。于是至汉,汉下广吏。吏当广亡失多,为虏所生得,当斩,赎为庶人。

数岁,与故颍阴侯屏居蓝田南山中射猎。尝夜从一骑出,从人田间饮。还至亭,霸陵尉醉,呵止广。广骑曰:"故李将军。"尉曰:"今将军尚不得夜行,何故也?"宿广亭下。居无何,匈奴入辽西,杀太守,败韩将军。韩将军后徙居右北平,死。于是上乃召拜广为右北平太守。广请霸陵尉与俱,至军而斩之,上书自陈谢罪。上报曰:

"将军者,国之爪牙也。《司马法》曰:'登车不式,遭丧不服,振旅抚师,以征不服,率三军之心,同战士之力,故怒形则千里竦,威振则万物状;是以名声暴于夷貉,威棱憺乎邻国。'夫报忿除害,捐残去杀,朕之所图于将军也。若乃免冠徒跣,稽颡请罪,岂朕之指哉?将军其率师东辕,弥节白檀,以临右北平盛秋。"

广在郡,匈奴号曰"汉飞将军",避之,数岁不入界。广出猎,见草中石,以为虎而射之,中石没矢,视之石也,他日射之,终不能入矣。广所居郡闻有虎,常自射之。及居右北平射虎,虎腾伤广,广亦射杀之。石建卒,上召广代为郎中令。

元朔六年,广复为将军,从大将军出定襄。诸将多中首虏率为侯者,而广军无功。后三岁,广以郎中令将四千骑出右北平,博望侯张骞将万骑与广俱,异道。行数百里,匈奴左贤王将四万骑围广,广军士皆恐,广乃使其子敢往驰之。敢从数十骑直贯胡骑,出其左右而还,报广曰:"胡虏易与耳。"军士乃安。为圜陈外乡,胡急击,矢下如雨。汉兵死者过半,汉矢且尽。广乃令持满毋发,而广身自以大黄射其裨将,杀数人,胡虏益解。会暮,吏士无人色,而广意气自如,益治军。军中服其勇也。明日,复力战,而博望侯军亦至,匈奴乃解去。汉军罢,弗能追。是时,广军几没,罢归。汉法,博望侯后期当死,赎为庶人。广军自当,亡赏。

初，广与从弟李蔡俱为郎，事文帝。景帝时，蔡积功至二千石。武帝元朔中，为轻车将军，从大将军击右贤王，有功中率，封为乐安侯。元狩二年，代公孙弘为丞相。蔡为人在下中，名声出广下远甚，然广不得爵邑，官不过九卿。广之军吏及士卒或取封侯。广与望气王朔语云："自汉击匈奴，广未尝不在其中，而诸妄校尉已下，材能不及中，以军功取侯者数十人。广不为后人，然终无尺寸功以得封邑者，何也？岂吾相不当侯邪？"朔曰："将军自念，岂尝有恨者乎？"广曰："吾为陇西守，羌尝反，吾诱降者八百余人，诈而同日杀之，至今恨独此耳。"朔曰："祸莫大于杀已降，此乃将军所以不得侯者也。"

广历七郡太守，前后四十余年，得赏赐辄分其戏下，饮食与士卒共之。家无余财，终不言生产事。为人长爱臂，其善射亦天性，虽子孙他人学者莫能及。广呐口少言，与人居则画地为军陈，射阔狭以饮，专以射为戏。将兵，乏绝处见水，士卒不尽饮，不近水；不尽餐，不尝食；宽缓不苛，士以此爱乐为用。其射，见敌非在数十步之内，度不中不发，发即应弦而倒。用此，其将数困辱，及射猛兽，亦数为所伤云。

元狩四年，大将军票骑将军大击匈奴，广数自请行。上以为老，不许；良久乃许之，以为前将军。大将军青出塞捕虏，知单于所居，乃自以精兵走之，而令广并于右将军，军出东道。东道少回远，大军行，水草少，其势不屯行。广辞曰："臣部为前将军，今大将军乃徙臣出东道，且臣结发而与匈奴战，乃今一得当单于。臣愿居前，先死单于。"大将军阴受上指，以为李广数奇，毋令当单于，恐不得所欲。是时，公孙敖新失侯，为中将军，大将军亦欲使敖与俱当单于，故徙广。广知之，固辞。大将军弗听，令长史封书与广之莫府，曰："急诣部如书。"广不谢大将军而起行，意象愠怒而就部，引兵与右将军食其合军出东道。惑失道，后大将军。大将军与单于接战，单于遁走，弗能得而还。南绝幕，乃遇两将军。广已见大将军还入军。大将军使长史持糒醪遗广，因问广、食其失道状，曰："青欲上书报天子失军曲折。"广未对。大将军长史急责广之莫府上簿。广曰："诸校尉亡罪，乃我自失道。吾今自上簿。"至莫府，谓其麾下曰："广结发与匈奴大小七十余战，今幸从大将军出接单于兵，而大将军徙广部行回远，又迷失道，岂非天哉！且广年六十余，终不能复对刀笔之吏矣！"遂引刀自刭。百姓闻之，知与不知，老壮皆为垂泣。而右将军独下吏，当死，赎为庶人。

广三子，曰当户、椒、敢，皆为郎。上与韩嫣戏，嫣少不逊，当户击嫣，嫣走，于是上以为能。当户蚤死，乃拜椒为代郡太守，皆先广死。广死军中时，敢从票骑将军。广死明年，李蔡以丞相坐诏赐冢地阳陵当得二十亩，蔡盗取三顷，颇卖得四十余万，又盗取神道外壖地一亩葬其中；当下狱，自杀。敢以校尉从票骑将军击胡左贤王，力战，夺左贤王旗鼓，斩首多，赐爵关内侯，食邑二百户，代广为郎中令。顷之，怨大将军青之恨其父，乃击伤大将军，大将军匿讳之。居无何，敢从上雍至甘泉宫猎，票骑将军去病怨敢伤青，射杀敢。去病时方贵幸，上为讳，云"鹿触杀之"。居岁余,去病死。

敢有女,为太子中人爱幸。敢男禹,有宠于太子,然好利,亦有勇。尝与侍中贵人饮,侵陵之,莫敢应。后诉之上,上召禹,使刺虎,县下圈中,未至地,有诏引出之。禹从落中以剑斫绝累,欲刺虎。上壮之,遂救止焉。而当户有遗腹子陵,将兵击胡,兵败降匈奴。后人告禹谋欲亡从陵,下吏死。

陵字少卿,少为侍中建章监。善骑射,爱人,谦让下士,甚得名誉。武帝以为有广之风,使将八百骑,深入匈奴二千余里,过居延视地形,不见虏,还。拜为骑都尉,将勇敢五千人,教射酒泉、张掖以备胡。

数年,汉遣贰师将军伐大宛,使陵将五校兵随后。行至塞,会贰师还。上赐陵书,陵留吏士,与轻骑五百出敦煌,至盐水,迎贰师还,复留屯张掖。

天汉二年,贰师将三万骑出酒泉,击右贤王于天山。召陵,欲使为贰师将辎重。陵召见武台,叩头自请曰:"臣所将屯边者,皆荆楚勇士奇材剑客也,力扼虎,射命中,愿得自当一队,到兰干山前以分单于兵,毋令专乡贰师军。"上曰:"将恶相属邪!吾发军多,毋骑予女。"陵对:"无所事骑,臣愿以少击众,步兵五千人涉单于庭。"上壮而许之,因诏强弩都尉路博德将兵半道迎陵军。博德故伏波将军,亦羞为陵后距,奏言:"方秋匈奴马肥,未可与战,臣愿留陵至春,俱将酒泉、张掖骑各五千人并击东西浚稽,可必禽也。"书奏,上怒,疑陵悔不欲出而教博德上书,乃诏博德:"吾欲予李陵骑,云'欲以少击众'。今虏入西河,其引兵走西河,遮钩营之道。"诏陵:"以九月发,出遮虏鄣,至东浚稽山南龙勒水上,徘徊观虏,即亡所见,从浞野侯赵破奴故道抵受降城休士,因骑置以闻。所与博德言者云何?具以书对。"陵于是将其步卒五千人出居延,北行三十日,至浚稽山止营,举图所过山川地形,使麾下骑陈步乐还以闻。步乐召见,道陵将率得士死力。上甚说,拜步乐为郎。

陵至浚稽山,与单于相值,骑可三万围陵军。军居两山间,以大车为营。陵引士出营外为陈,前行持戟盾,后行持弓弩,令曰:"闻鼓声而纵,闻金声而止。"虏见汉军少,直前就营。陵搏战攻之,千弩俱发,应弦而倒。虏还走上山,汉军追击,杀数千人。单于大惊,召左右地兵八万余骑攻陵。陵且战且引,南行数日,抵山谷中。连战,士卒中矢伤三创者载辇,两创者将车,一创者持兵战。陵曰:"吾士气少衰而鼓不起者,何也?军中岂有女子乎?"始军出时,关东群盗妻子徙边者随军为卒妻妇,大匿车中。陵搜得,皆剑斩之。明日复战,斩首三千余级。引兵东南,循故龙城道行四五日,抵大泽葭苇中,虏从上风纵火,陵亦令军中纵火以自救。南行至山下。单于在南山上,使其子将骑击陵。陵军步斗树木间,复杀数千人,因发连弩射单于,单于下走。是日捕得虏,言:"单于曰:'此汉精兵,击之不能下,日夜引吾南近塞,得毋有伏兵乎?'诸当户君长皆言:'单于自将数万骑击汉数千人不能灭,后无以复使边臣,令汉益轻匈奴。'复力战山谷间,尚四五十里得平地,不能破,乃还。"

是时陵军益急,匈奴骑多,战一日数十合,复伤杀虏二千余人。虏不利,欲去。会陵军候管敢为校尉所辱,亡降匈奴,具言:"陵军无后救,射矢且尽。独将军麾下及成安侯校各八百人为前行,以黄与白为帜。当使精骑射之,即破矣。"成安侯者,颍川人,父韩千秋,故济南相,奋击南越战死,武帝封子延年为侯,以校尉随陵。单于得敢,大喜,使骑并攻汉军,疾呼曰:"李陵、韩延年趣降!"遂遮道急攻陵。陵居谷中,虏在山上,四面射矢如雨下。汉军南行,未至鞮汗山,百五十万矢皆尽,即弃车去。士尚三千余人,徒斩车辐而持之,军吏持尺刀,抵山入陕谷。单于遮其后,乘隅下垒石,士卒多死,不得行。昏后,陵便衣独步出营,止左右:"毋随我,丈夫一取单于耳!"良久,陵还,大息曰:"兵败,死矣!"军吏或曰:"将军威震匈奴,天命不遂,后求道径还归,如浞野侯为虏所得,后亡还,天子客遇之,况于将军乎!"陵曰:"公止!吾不死,非壮士也。"于是尽斩旌旗,及珍宝埋地中,陵叹曰:"复得数十矢,足以脱矣。今无兵复战,天明坐受缚矣!各鸟兽散,犹有得脱归报天子者。"令军士人持二升糒,一半冰,期至遮虏鄣者相待。夜半时,击鼓起士,鼓不鸣。陵与韩延年俱上马,壮士从者十余人。虏骑数千追之,韩延年战死。陵曰:"无面目报陛下!"遂降。军人分散,脱至塞者四百余人。

  陵败处去塞百余里,边塞以闻。上欲陵死战,召陵母及妇,使相者视之,无死丧色。后闻陵降,上怒甚,责问陈步乐,步乐自杀。群臣皆罪陵,上以问太史令司马迁。迁盛言:"陵事亲孝,与士信,常奋不顾身以殉国家之急。其素所畜积也,有国士之风。今举事一不幸,全躯保妻子之臣随而媒孽其短,诚可痛也!且陵提步卒不满五千,深輮戎马之地,抑数万之师,虏救死扶伤不暇,悉举引弓之民共攻围之。转斗千里,矢尽道穷,士张空拳,冒白刃,北首争死敌,得人之死力,虽古名将不过也。身虽陷败,然其所摧败亦足暴于天下。彼之不死,宜欲得当以报汉也。"初,上遣贰师大军出,财令陵为助兵,及陵与单于相值,而贰师功少。上以迁诬罔,欲沮贰师,为陵游说,下迁腐刑。久之,上悔陵无救,曰:"陵当发出塞,乃诏强弩都尉令迎军。坐预诏之,得令老将生奸诈。"乃遣使劳赐陵余军得脱者。

陵在匈奴岁余,上遣因杅将军公孙敖将兵深入匈奴迎陵。敖军无功还,曰:"捕得生口,言李陵教单于为兵以备汉军,故臣无所得。"上闻,于是族陵家,母弟妻子皆伏诛。陇西士大夫以李氏为愧。其后汉遣使使匈奴,陵谓使者曰:"吾为汉将步卒五千人横行匈奴,以亡救而败,何负于汉而诛吾家?"使者曰:"汉闻李少卿教匈奴为兵。"陵曰:"乃李绪,非我也。"李绪本汉塞外都尉,居奚侯城,匈奴攻之,绪降,而单于客遇绪,常坐陵上。陵痛其家以李绪而诛,使人刺杀绪。大阏氏欲杀陵,单于匿之北方,大阏氏死乃还。单于壮陵,以女妻之,立为右校王,卫律为丁灵王,皆贵用事。卫律者,父本长水胡人。律生长汉,善协律都尉李延年,延年荐言律使匈奴。使还,会延年家收,律惧并诛,亡还,降匈奴。匈奴爱之,常在单于左右。陵居外,有大事乃入议。

昭帝立,大将军霍光、左将军上官桀辅政,素与陵善,遣陵故人陇西任立政等三人俱至匈奴招陵。立政等至,单于置酒赐汉使者，李陵、卫律皆侍坐。立政等见陵，未得私语，即目视陵而数数自循其刀环，握其足，阴谕之，言可还归汉也。后陵、律持牛酒劳汉使，博饮，两人皆胡服椎结。立政大言曰："汉已大赦，中国安乐，主上富于春秋，霍子孟、上官少叔用事。"以此言微动之。陵默不应，孰视而自循其发，答曰："吾已胡服矣！"有顷，律起更衣，立政曰："咄，少卿良苦！霍子孟、上官少叔谢女。"陵曰："霍与上官无恙乎？"立政曰："请少卿来归故乡，毋忧富贵。"陵字立政曰："少公，归易耳，恐再辱，奈何！"语未卒，卫律还，颇闻余语，曰："李少卿，贤者不独居一国。范蠡遍游天下，由余去戎入秦，今何语之亲也？"因罢去。立政随谓陵曰："亦有意乎？"陵曰："丈夫不能再辱。"陵在匈奴二十余年，元平元年病死。

苏建，杜陵人也。以校尉从大将军青击匈奴，封平陵侯。以将军筑朔方。后以卫尉为游击将军，从大将军出朔方。后一岁，以右将军再从大将军出定襄，亡翕侯，失军当斩，赎为庶人。其后为代郡太守，卒官。有三子：嘉为奉车都尉，贤为骑都尉，中子武最知名。

武字子卿，少以父任，兄弟并为郎，稍迁至栘中厩监。

时汉连伐胡，数通使相窥观。匈奴留汉使郭吉、路充国等，前后十余辈。匈奴使来，汉亦留之以相当。天汉元年，且鞮侯单于初立，恐汉袭之，乃曰："汉天子，我丈人行也。"尽归汉使路充国等。武帝嘉其义，乃遣武以中郎将使持节送匈奴使留在汉者，因厚赂单于，答其善意。武与副中郎将张胜及假吏常惠等，募士斥候百余人俱。既至匈奴，置币遗单于。单于益骄，非汉所望也。

方欲发使送武等，会缑王与长水虞常等谋反匈奴中。缑王者，昆邪王姊子也，与昆邪王俱降汉，后随浞野侯没胡中。及卫律所将降者阴相与谋，劫单于母阏氏归汉。会武等至匈奴，虞常在汉时素与副张胜相知，私候胜曰："闻汉天子甚怨卫律，常能为汉伏弩射杀之。吾母与弟在汉，幸蒙其赏赐。"张胜许之，以货物与常。后月余，单于出猎，独阏氏子弟在。虞常等七十余人欲发，其一人夜亡，告之。单于子弟发兵与战。缑王等皆死，虞常生得。单于使卫律治其事。张胜闻之，恐前语发，以状语武。武曰："事如此，此必及我。见犯乃死，重负国。"欲自杀，胜、惠共止之。

虞常果引张胜。单于怒，召诸贵人议，欲杀汉使者。左伊秩訾曰："即谋单于，何以复加？宜皆降之。"单于使卫律召武受辞。武谓惠等："屈节辱命，虽生，何面目以归汉！"引佩刀自刺。卫律惊，自抱持武，驰召毉。凿地为坎，置煴火，覆武其上，蹈其背以出血。武气绝半日，复息。惠等哭，舆归营。单于壮其节，朝夕遣人候问武，而收系张胜。武益愈，单于使使晓武。会论虞常，欲因此时降武。剑斩虞常已，律曰："汉使张胜谋杀单于近臣，当死，单于募降者赦罪。"举剑欲击之，胜请降。律谓武曰："副有罪，当相坐。"武曰："本无谋，又非亲属，何谓相坐？"复举剑拟之，武不动。律曰："苏君，律前负汉归匈奴，幸蒙大恩，赐号称王，拥众数万，马畜弥山，富贵如此。苏君今日降,明日复然。空以身膏草野,谁复知之?"武不应。律曰:"君因我降,与君为兄弟。今不听吾计,后虽欲复见我,尚可得乎?"武骂律曰:"女为人臣子,不顾恩义,畔主背亲,为降虏于蛮夷,何以女为见?且单于信女,使决人死生,不平心持正,反欲斗两主,观祸败。南越杀汉使者,屠为九郡;宛王杀汉使者,头县北阙;朝鲜杀汉使者,即时诛灭。独匈奴未耳。若知我不降,明欲令两国相攻,匈奴之祸从我始矣。"律知武终不可胁,白单于。单于愈益欲降之,乃幽武置大窖中,绝不饮食。天雨雪,武卧啮雪与旃毛并咽之,数日不死。匈奴以为神,乃徙武北海上无人处,使牧羝,羝乳乃归。别其官属常惠等,各置他所。

武既至海上,廪食不至,掘野鼠去草实而食之。杖汉节牧羊,卧起操持,节旄尽落,积五、六年。单于弟於靬王弋射海上。武能网纺缴,檠弓弩,於靬王爱之,给其衣食。三岁余,王病,赐武马畜、服匿、穹庐。王死后,人众徙去。其冬,丁令盗武牛羊,武复穷厄。

初,武与李陵俱为侍中。武使匈奴明年,陵降,不敢求武。久之,单于使陵至海上,为武置酒设乐,因谓武曰:"单于闻陵与子卿素厚,故使陵来说足下。虚心欲相待,终不得归汉,空自苦亡人之地,信义安所见乎?前长君为奉车,从至雍棫阳宫,扶辇下除,触柱折辕,劾大不敬,伏剑自刎,赐钱二百万以葬。孺卿从祠河东后土,宦骑与黄门驸马争船,推堕驸马河中溺死,宦骑亡,诏使孺卿逐捕不得,惶恐饮药而死。来时大夫人已不幸,陵送葬至阳陵。子卿妇年少,闻已更嫁矣。独有女弟二人,两女一男,今复十余年,存亡不可知。人生如朝露,何久自苦如此!陵始降时,忽忽如狂,自痛负汉,加以老母系保宫,子卿不欲降,何以过陵?且陛下春秋高,法令亡常,大臣亡罪夷灭者数十家,安危不可知,子卿尚复谁为乎?愿听陵计,勿复有云。"武曰:"武父子亡功德,皆为陛下所成就,位列将,爵通侯,兄弟亲近,常愿肝脑涂地。今得杀身自效,虽蒙斧钺汤镬,诚甘乐之。臣事君,犹子事父也。子为父死亡所恨。愿勿复再言。"陵与武饮数日,复曰:"子卿壹听陵言。"武曰:"自分已死久矣。王必欲降武,请毕今日之欢,效死于前!"陵见其至诚,喟然叹曰:"嗟乎,义士!陵与卫律之罪上通于天。"因泣下沾衿,与武决去。陵恶自赐武,使其妻赐武牛羊数十头。后陵复至北海上,语武:"区脱捕得云中生口,言太守以下吏民皆白服,曰'上崩'。"武闻之,南乡号哭,欧血,旦夕临数月。昭帝即位。

数年,匈奴与汉和亲。汉求武等,匈奴诡言武死。后汉使复至匈奴,常惠请其守者与俱,得夜见汉使。具自陈过。教使者谓单于,言天子射上林中得雁,足有系帛书,言武等在荒泽中。使者大喜,如惠语以让单于。单于视左右而惊,谢汉使曰:"武等实在。"于是李陵置酒贺武曰:"今足下还归,扬名于匈奴,功显于汉室,虽古竹帛所载,丹青所画,何以过子卿!陵虽驽怯,令汉且贳陵罪,全其老母,使得奋大辱之积志,庶几乎曹柯之盟,此陵宿昔之所不忘也。收族陵家,为世大戮,陵尚复何顾乎?已矣!令子卿知吾心耳。异域之人,壹别长绝!"陵起舞,歌曰:"径万里兮度沙幕,为君将兮奋匈奴。路穷绝兮矢刃摧,士众灭兮名已隤!老母已死,虽欲报恩,将安归!"陵泣下数行,因与武决。单于召会武官属,前以降及物故凡随武还者九人。

武以始元六年春至京师。诏武奉一太守谒武帝园庙,拜为典属国,秩中二千石,赐钱二百万,公田二顷,宅一区。常惠、徐圣、赵终根皆拜为中郎,赐帛各二百匹。其余六人老归家,赐钱人十万,复终身。常惠后至右将军,封列侯,自有传。武留匈奴凡十九岁,始以强壮出,及还,须发尽白。

武来归明年,上官桀、子安与桑弘羊及燕王、盖主谋反。武子男元与安有谋,坐死。初,桀、安与大将军霍光争权,数疏光过失予燕王,令上书告之。又言苏武使匈奴二十年不降,还乃为典属国,大将军长史无功劳,为搜粟都尉,光颛权自恣。及燕王等反诛,穷治党与,武素与桀、弘羊有旧,数为燕王所讼,子又在谋中,廷尉奏请逮捕武。霍光寝其奏,免武官。

数年,昭帝崩,武以故二千石与计谋立宣帝,赐爵关内侯,食邑三百户。久之,卫将军张安世荐武明习故事,奉使不辱命,先帝以为遗言。宣帝即时召武待诏宦者署,数进见,复为右曹典属国。以武著节老臣,命朝朔望,号称祭酒,甚优宠之。武所得赏赐,尽以施予昆弟故人,家不余财。皇后父平恩侯、帝舅平昌侯、乐昌侯、车骑将军韩增、丞相魏相、御史大夫丙吉皆敬重武。

武年老,子前坐事死,上闵之,问左右:"武在匈奴久,岂有子乎?"武因平恩侯自白:"前发匈奴时,胡妇适产一子通国,有声问来,愿因使者致金帛赎之。"上许焉。后通国随使者至,上以为郎。上以武弟子为右曹。

武年八十余，神爵二年病卒。

甘露三年，单于始入朝。上思股肱之美，乃图画其人于麒麟阁，法其形貌，署其官爵、姓名。唯霍光不名，曰大司马大将军博陆侯姓霍氏，次曰卫将军富平侯张安世，次曰车骑将军龙额侯韩增，次曰后将军营平侯赵充国，次曰丞相高平侯魏相，次曰丞相博阳侯丙吉，次曰御史大夫建平侯杜延年，次曰宗正阳城侯刘德，次曰少府梁丘贺，次曰太子太傅萧望之，次曰典属国苏武。皆有功德，知名当世，是以表而扬之，明著中兴辅佐，列于方叔、召虎、仲山甫焉。凡十一人，皆有传。自丞相黄霸、廷尉于定国、大司农朱邑、京兆尹张敞、右扶风尹翁归及儒者夏侯胜等，皆以善终，著名宣帝之世，然不得列于名臣之图，以此知其选矣。

赞曰：李将军恂恂如鄙人，口不能出辞，及死之日，天下知与不知皆为流涕，彼其中心诚信于士大夫也。谚曰："桃李不言，下自成蹊。"此言虽小，可以喻大。然三代之将，道家所忌，自广至陵，遂亡其宗，哀哉！孔子称"志士仁人，有杀身以成仁，无求生以害仁"，"使于四方，不辱君命"，苏武有之矣。

让县自明本志令

魏武帝

孤始举孝廉,年少,自以本非岩穴知名之士,恐为海内人之所见凡愚,欲为一郡守,好作政教,以建立名誉,使世士明知之。故在济南,始除残去秽,平心选举,违迕诸常侍。以为强豪所忿,恐致家祸,故以病还。

去官之后,年纪尚少,顾视同岁中,年有五十,未名为老。内自图之,从此却去二十年,待天下清,乃与同岁中始举者等耳。故以四时归乡里,于谯东五十里筑精舍,欲秋夏读书,冬春射猎,求底下之地,欲以泥水自蔽,绝宾客往来之望。然不能得如意。

后征为都尉,迁典军校尉,意遂更欲为国家讨贼立功,欲望封侯,作征西将军,然后题墓道言"汉故征西将军曹侯之墓",此其志也。而遭值董卓之难,兴举义兵。是时合兵能多得耳,然常自损,不欲多之。所以然者,多兵意盛,倘更为祸始。故汴水之战数千,后还到扬州更募,亦复不过三千人,此其本志有限也。后领兖州,破降黄巾三十万众。又袁术僭号于九江,下皆称臣,名门曰建号门,衣被皆为天子之制,两妇预争为皇后。志计已定,人有劝术使遂即帝位,露布天下,答言"曹公尚在,未可也"。后孤讨禽其四将,获其人众,遂使术穷亡解沮,发病而死。及至袁绍据河北，兵势强盛，孤自度势，实不敌之。但投死为国，以义灭身，足垂于后。幸而破绍，枭其二子。又刘表自以为宗室，包藏奸心，乍前乍却，以观世事，据有荆州。孤复定之，遂平天下。身为宰相，人臣之贵已极，意望已过矣！

今孤言此，若为自大，欲人言尽，故无讳耳。设使国家无有孤，不知当几人称帝，几人称王。或者人见孤强盛，又性不信天命之事，恐私心相评，言有不逊之志，妄相忖度，每用耿耿。齐桓、晋文所以垂称至今日者，以其兵势广大，犹能奉事周室也。《论语》云："三分天下有其二，以服事殷，周之德可谓至德矣。"夫能以大事小也。

昔乐毅走赵，赵王欲与之图燕。乐毅伏而垂泣，对曰："臣事昭王，犹事大王；臣若获戾，放在他国，没世然后已，不忍谋赵之徒隶，况燕后嗣乎！"胡亥之杀蒙恬也，恬曰："自吾先人及至子孙，积信于秦三世矣。今臣将兵三十余万，其势足以背叛，然自知必死而守义者，不敢辱先人之教，以忘先王也。"孤每读此二人书，未尝不怆然流涕也。孤祖、父以至孤身，皆当亲重之任，可谓见信者矣，以及子植兄弟，过于三世矣。孤非徒对诸君说此也，常以语妻妾，皆令深知此意。孤谓之言："顾我万年之后，汝曹皆当出嫁。欲令传道我心，使他人皆知之。"孤此言皆肝鬲之要也。所以勤勤恳恳叙心腹者，见周公有《金縢》之书以自明，恐人不信之故。

然欲孤便尔委捐所典兵众，以还执事，归就武平侯国，实不可也。何者？诚恐己离兵为人所祸也。既为子孙计，又己败则国家倾危,是以不得慕虚名而处实祸,此所不得为也。前朝恩封三子为侯,固辞不受,今更欲受之,非欲复以为荣,欲以为外援,为万安计。孤闻介推之避晋封,申胥之逃楚赏,未尝不舍书而叹,有以自省也。奉国威灵,仗钺征伐,推弱以克强,处小而禽大。意之所图,动无违事,心之所虑,何向不济?遂荡平天下,不辱主命。可谓天助汉室,非人力也。然封兼四县,食户三万,何德堪之?江湖未静,不可让位;至于邑土,可得而辞。今上还阳夏、柘、苦三县户二万,但食武平万户,且以分损谤议,少减孤之责也。

三国志·诸葛亮传

诸葛亮字孔明，琅邪阳都人也，汉司隶校尉诸葛丰后也。父圭，字君贡，汉末为太山都丞。亮早孤，从父玄为袁术所署豫章太守，玄将亮及亮弟均之官。会汉朝更选朱皓代玄。玄素与荆州牧刘表有旧，往依之。玄卒，亮躬耕陇亩，好为《梁父吟》。身高八尺，每自比于管仲、乐毅，时人莫之许也。惟博陵崔州平、颍川徐庶元直与亮友善，谓为信然。

时先主屯新野。徐庶见先主，先主器之，谓先主曰："诸葛孔明者，卧龙也，将军岂愿见之乎？"先主曰："君与俱来。"庶曰："此人可就见，不可屈致也。将军宜枉驾顾之。"由是先主遂诣亮，凡三往乃见。因屏人曰："汉室倾颓，奸臣窃命，主上蒙尘。孤不度德量力，欲信大义于天下，而智术短浅，遂用猖獗，至于今日。然志犹未已，君谓计将安出？"亮答曰："自董卓已来，豪杰并起，跨州连郡者不可胜数。曹操比于袁绍，则名微而众寡，然操遂能克绍，以弱为强者，非惟天时，抑亦人谋也。今操已拥百万之众，挟天子以令诸侯，此诚不可与争锋。孙权据有江东，已历三世，国险而民附，贤能为之用，此可以为援而不可图也。荆州北据汉、沔，利尽南海，东连吴会，西通巴、蜀，此用武之国，而其主不能守，此殆天所以资将军，将军岂有意乎？益州险塞，沃野千里，天府之土，高祖因之以成帝业。刘璋暗弱，张鲁在北，民殷国富，而不知存恤，智能之士思得明君。将军既帝室之胄，信义著于四海，总揽英雄，思贤如渴，若跨有荆、益，保其岩阻，西和诸戎，南抚夷越，外结好孙权，内修政理。天下有变，则命一上将，将荆州之军以向宛、洛，将军身率益州之众，以出于秦川，百姓孰敢不箪食壶浆以迎将军者乎？诚如是，则霸业可成，汉室可兴矣。"先主曰："善！"于是与亮情好日密。关羽、张飞等不悦，先主解之曰："孤之有孔明，犹鱼之有水也，愿诸君勿复言。"羽、飞乃止。

刘表长子琦，亦深器亮。表受后妻之言，爱少子琮，不悦于琦。琦每欲与亮谋自安之术，亮辄拒塞，未与处画。琦乃将亮游观后园，共上高楼，饮宴之间，令人去梯。因请亮曰："今日上不至天，下不至地，言出子口，入于吾耳，可以言未？"亮答曰："君不见申生在内而危，重耳在外而安乎？"琦意感悟，阴规出计。会黄祖死，得出，遂为江夏太守。俄而表卒，琮闻曹公来征，遣使请降。先主在樊，闻之，率其众南行，亮与徐庶并从。为曹公所追，破获庶母。庶辞先主，而指其心曰："本欲与将军共图霸之业者，以此方寸之地也。今已失老母，方寸乱矣，无益于事，请从此别。"遂诣曹公。

先主至于夏口。亮曰："事急矣，请奉命求救于孙将军。"时权拥军在柴桑，观望成败。亮说权曰："海内大乱，将军起兵，据有江东，刘豫州亦收众汉南，与曹操并争天下。今操芟夷大难，略已平矣，遂破荆州，威震四海。英雄无所用武，故豫州遁逃至此。将军量力而处之。若能以吴、越之众，与中国抗衡，不如早与之绝；若不能当，何不案兵束甲，北面而事之？今将军外托服从之名，而内怀犹豫之计，事急而不断，祸至无日矣！"权曰："苟如君言，刘豫州何不遂事之乎？"亮曰："田横，齐之壮士耳，犹守义不辱，况刘豫州王室之胄，英才盖世，众士慕仰，若水之归海，若事之不济，此乃天也，安能复为之下乎！"权勃然曰："吾不能举全吴之地，十万之众，受制于人，吾计决矣！非刘豫州莫可以当曹操者，然豫州新败之后，安能抗此难乎？"亮曰："豫州军虽败于长阪，今战士还者，及关羽水军，精甲万人，刘琦合江夏战士，亦不下万人。曹操之众，远来疲弊，闻追豫州，轻骑一日一夜行三百余里，此所谓'强弩之末，势不能穿鲁缟'者也。故兵法忌之，曰：'必蹶上将军。'且北方之人，不习水战；又荆州之民附操者，逼兵势耳，非心服也。今将军诚能命猛将，统兵数万，与豫州协规同力，破操军必矣。操军破，必北还，如此则荆、吴之势强，鼎足之形成矣。成败之机，在于今日。"权大悦，即遣周瑜、程普、鲁肃等水军三万，随亮诣先主，并力拒曹公。

曹公败于赤壁，引军归邺。先主遂收江南，以亮为军师中郎将，使督零陵、桂阳、长沙三郡，调其赋税，以充军实。建安十六年，益州牧刘璋遣法正迎先主，使击张鲁。亮与关羽镇荆州。先主自葭萌还攻璋，亮与张飞、赵云等率众溯江，分定郡县，与先主共围成都。成都平，以亮为军师将军，署左将军府事。先主外出，亮常镇守成都，足食足兵。

二十六年，群下劝先主称尊号，先主未许，亮说曰："昔吴汉、耿弇等初劝世祖即帝位，世祖辞让，前后数四，耿纯进言曰：'天下英雄，喁喁冀有所望。如不从议者，士大夫各归求主，无为从公也。'世祖感纯言深至，遂然诺之。今曹氏篡汉，天下无主，大王刘氏苗族，绍世而起，今即帝位，乃其宜也。士大夫随大王久勤苦者，亦欲望尺寸之功如纯言耳。"先主于是即帝位，策亮为丞相，曰："朕遭家不造，奉承大统，兢兢业业，不取康宁，思靖百姓，惧未能绥。于戏！丞相亮其悉朕意，无怠。辅朕之阙，助宣重光，以照明天下，君其勖哉！"亮以丞相录尚书事，假节。张飞卒后，领司隶校尉。

章武三年春，先主于永安病笃，召亮于成都，属以后事，谓亮曰："君才十倍曹丕，必能安国，终定大事。若嗣子可辅辅之，如其不才，君可自取。"亮涕泣曰："臣敢竭股肱之力，效忠贞之节，继之以死！"先主又为诏敕后主曰："汝与丞相从事，事之如父。"

建兴元年，封亮武乡侯，开府治事。顷之，又领益州牧。政事无巨细，咸决于亮。南中诸郡，并皆叛乱，亮以新遭大丧，故未便加兵，且遣使聘吴，因结和亲，遂为与国。三年春，亮率众南征，其秋悉平。军资所出，国以富饶，乃治戎讲武，以俟大举。

五年，率诸军北驻汉中，临发，上疏曰："先帝创业未半而中道崩殂，今天下三分，益州疲弊，此诚危急存亡之秋也。然侍卫之臣，不懈于内，忠志之士，忘身于外者，盖追先帝之殊遇，欲报之于陛下也。诚宜开张圣听，以光先帝遗德，恢弘志士之气，不宜妄自菲薄，引喻失义，以塞忠谏之路也。宫中府中，俱为一体，陟罚臧否，不宜异同。若有作奸犯科及为忠善者，宜付有司，论其刑赏，以昭陛下平明之理，不宜偏私，使内外异法也。侍中、侍郎郭攸之、费祎、董允等，此皆良实，志虑忠纯，是以先帝简拔以遗陛下。愚以为宫中之事，事无大小，悉以咨之，然后施行，必能裨补阙漏，有所广益。将军向宠，性行淑均，晓畅军事，试用于昔日，先帝称之曰能，是以众议举宠为督。愚以为营中之事，悉以咨之，必能使行陈和睦，优劣得所。亲贤臣，远小人，此先汉所以兴隆也；亲小人，远贤臣，此后汉所以倾颓也。先帝在时，每与臣论此事，未尝不叹息痛恨于桓、灵也。侍中、尚书、长史、参军，此悉贞良死节之臣，愿陛下亲之信之，则汉室之隆，可计日而待也。臣本布衣，躬耕于南阳，苟全性命于乱世，不求闻达于诸侯。先帝不以臣卑鄙，猥自枉屈，三顾臣于草庐之中，咨臣以当世之事，由是感激，遂许先帝以驱驰。后值倾覆，受任于败军之际，奉命于危难之间，尔来二十有一年矣。先帝知臣谨慎，故临崩寄臣以大事也。受命以来，夙夜忧叹，恐托付不效，以伤先帝之明，故五月渡泸，深入不毛。今南方已定，兵甲已足，当奖率三军，北定中原，庶竭驽钝，攘除奸凶，兴复汉室，还于旧都。此臣所以报先帝，而忠陛下之职分也。至于斟酌损益，进尽忠言，则攸之、祎、允之任也。愿陛下托臣以讨贼兴复之效，不效则治臣之罪，以告先帝之灵。责攸之、祎、允等之慢，以彰其咎。陛下亦宜自谋，以咨诹善道，察纳雅言，深追先帝遗诏。臣不胜受恩感激，今当远离，临表涕零，不知所言。"遂行，屯于沔阳。

六年春，扬声由斜谷道取郿，使赵云、邓芝为疑军，据箕谷，魏大将军曹真举众拒之，亮身率诸军，攻祁山，戎陈整齐，赏罚肃而号令明，南安、天水、安定三郡叛魏应亮，关中响震。魏明帝西镇长安，命张郃拒亮。亮使马谡督诸军在前，与郃战于街亭。谡违亮节度，举动失宜，大为张郃所破。亮拔西县千余家，还于汉中，戮谡以谢众。上疏曰："臣以弱才，叨窃非据，亲秉旄钺，以历三军。不能训章明法，临事而惧，至有街亭违命之阙，箕谷不戒之失，咎皆在臣，授任无方。臣明不知人，恤事多暗，《春秋》责帅，臣职是当。请自贬三等，以督厥咎。"于是以亮为右将军，行丞相事，所总统如前。冬，亮复出散关，围陈仓，曹真拒之，亮粮尽而还。魏将军王双率骑追亮，亮与战，破之，斩双。七年，亮遣陈式攻武都、阴平。魏雍州刺史郭淮率众欲击式，亮自出至建威，淮退还，遂平二郡。诏策亮曰："街亭之役，咎由马谡，而君引愆，深自贬抑，重违君意，听顺所守。前年耀师，馘斩王双；今岁爰征，郭淮遁走。降集氐、羌，兴复二郡，威镇凶暴，功勋显然。方今天下骚扰，元恶未枭，君受大任，干国之重，而久自绝损，非所以光扬洪烈矣。今复君丞相，君其勿辞。"

九年，亮复出祁山，以木牛运，粮尽退军。与魏将张郃交战，射杀郃。十二年春，亮悉大众由斜谷出，以流马运，据武功五丈原，与司马宣王对于渭南。亮每患粮不继，使己志不申，是以分兵屯田，为久驻之基。耕者杂于渭滨居民之间，而百姓安堵，军无私焉。相持百余日。其年八月，亮疾病，卒于军，时年五十四。及军退，宣王案行其营垒处所，曰："天下奇才也！"

亮遗命葬汉中定军山，因山为坟，冢足容棺，敛以时服，不须器物。诏策曰："惟君体资文武，明睿笃诚，受遗托孤，匡辅朕躬，继绝兴微，志存靖乱。爰整六师，无岁不征，神武赫然，威震八荒，将建殊功于季汉，参伊、周之巨勋。如何不吊，事临垂克，遘疾陨丧！朕用伤悼，肝心若裂。夫崇德序功，纪行命谥，所以光昭将来，刊载不朽。今使使持节左中郎将杜琼，赠君丞相武乡侯印绶，谥君为忠武侯。魂而有灵，嘉兹宠荣。呜呼哀哉！呜呼哀哉！初，亮自表后主曰："成都有桑八百株，薄田十五顷，子弟衣食，自有余饶。至于臣在外任，无别调度，随身衣食，悉仰于官，不别治生，以长尺寸。若臣死之日，不使内有余帛，外有赢财，以负陛下。"及卒，如其所言。

亮性长于巧思，损益连弩，木牛流马，皆出其意；推演兵法，作八陈图，咸得其要云。亮言教书奏，多可观，别为一集。

景耀六年春，诏为亮立庙于沔阳。秋，魏征西将军钟会征蜀，至汉川，祭亮之庙，令军士不得于亮墓所左右刍牧樵采。

亮弟均，官至长水校尉。亮子瞻，嗣爵。

评曰：诸葛亮之为相国也，抚百姓，示仪轨，约官职，从权制，开诚心，布公道；尽忠益时者虽仇必赏，犯法怠慢者虽亲必罚，服罪输情者虽重必释，游辞巧饰者虽轻必戮；善无微而不赏，恶无纤而不贬；庶事精炼，物理其本，循名责实，虚伪不齿；终于邦域之内，咸畏而爱之，刑政虽峻而无怨者，以其用心平而劝戒明也。可谓识治之良才，管、萧之亚匹矣。然连年动众，未能成功，盖应变将略，非其所长欤？

世说新语（选录）

郭林宗至汝南造袁奉高，车不停轨，鸾不辍轭。诣黄叔度，乃弥日信宿。人问其故，林宗曰："叔度汪汪如万顷之陂，澄之不清，扰之不浊，其器深广，难测量也。"

谢太傅绝重褚公，常称："褚季野虽不言，而四时之气亦备。"（以上德行）

过江诸人，每至美日，辄相邀新亭，藉卉饮宴。周侯中坐而叹曰："风景不殊，正自有山河之异。"皆相视流泪。唯王丞相愀然变色曰："当共戮力王室，克复神州，何至作楚囚相对？"

卫洗马初欲渡江，形神惨悴，语左右云："见此茫茫，不觉百端交集。苟未免有情，亦复谁能遣此！"

桓公北征，经金城，见前为琅邪时种柳，皆已十围，慨然曰："木犹如此，人何以堪？"攀枝执条，泫然流泪。

简文入华林园，顾谓左右曰："会心处不必在远，翳然林水，便自有濠、濮间想也。觉鸟兽禽鱼，自来亲人。"

王子敬云："从山阴道上行，山川自相映发，使人应接不暇。若秋冬之际，尤难为怀。"（以上言语）

褚季野语孙安国云:"北人学问,渊综广博。"孙答曰:"南人学问,清通简要。"支道林闻之曰:"圣贤固所忘言。自中人以还,北人看书,如显处视月;南人学问,如牖中窥日。"

谢公因子弟集聚,问:"《毛诗》何句最佳?"遏称曰:"昔我往矣,杨柳依依;今我来思,雨雪霏霏。"公曰:"訏谟定命,远猷辰告。"谓此句偏有雅人深致。

郭景纯诗云:"林无静树,川无停流。"阮孚云:"泓峥萧瑟,实不可言。每读此文,辄觉神超形越。"

王孝伯在京行散,至其弟王睹户前,问:"古诗中何句为最?"睹思未答。孝伯咏"'所遇无故物,焉得不速老?'此句为佳。"(以上文学)

嵇中散临刑东市,神气不变。索琴弹之,奏《广陵散》。曲终,曰:"袁孝尼尝请学此散,吾靳固不与,《广陵散》于今绝矣。"太学生三千上书请以为师,不许;文王亦寻悔焉。(雅量)

张季鹰辟齐王东曹掾,在洛,见秋风起,因思吴中菰菜羹、鲈鱼脍,曰:"人生贵得适意尔,何能羁宦数千里,以要名爵!"遂命驾便归。俄而齐王败,时人皆谓为见机。(识鉴)

庞士元至吴,吴人并友之。见陆绩、顾劭、全琮而为之目曰:"陆子所谓驽马有逸足之用,顾子所谓驽牛可以负重致远。"或问:"如所目,陆为胜邪?"曰:"驽马虽精速,能致一人

耳。驽牛一日行百里,所致岂一人哉?"吴人无以难。"全子好声名,似汝南樊子昭。"(品藻)

晋明帝数岁,坐元帝膝上。有人从长安来,元帝问洛下消息,潸然流涕。明帝问:"何以致泣?"具以东渡意告之。因问明帝:"汝意谓长安何如日远?"答曰:"日远。不闻人从日边来,居然可知。"元帝异之。明日集群臣宴会,告以此意,更重问之。乃答曰:"日近。"元帝失色,曰:"尔何故异昨日之言邪?"答曰:"举目见日,不见长安。"(夙惠)

庾太尉在武昌,秋夜气佳景清,使吏殷浩、王胡之之徒登南楼理咏。音调始遒,闻函道中有屐声甚厉,定是庾公。俄而率左右十许人步来,诸贤欲起避之。公徐云:"诸君少住,老子于此处兴复不浅。"因便据胡床,与诸人咏谑,竟坐甚得任乐。后王逸少下,与丞相言及此事。丞相曰:"元规尔时风范,不得不小颓。"右军答曰:"唯丘壑独存。"(容止)

王戎丧儿万子,山简往省之,王悲不自胜。简曰:"孩抱中物,何至于此?"王曰:"圣人忘情,最下不及情;情之所钟,正在我辈。"简服其言,更为之恸。(伤逝)

赵母嫁女,女临去,敕之曰:"慎勿为好。"女曰:"不为好,可为恶邪?"母曰:"好尚不可为,其况恶乎!"(贤媛)

顾长康画人，或数年不点目睛。人问其故，顾曰："四体妍蚩，本无关于妙处；传神写照，正在阿堵中。"（巧艺）

王子猷居山阴，夜大雪，眠觉，开室命酌酒。四望皎然，因起彷徨，咏左思《招隐》诗。忽忆戴安道，时戴在剡，即便夜乘小船就之，经宿方至，造门不前而返。人问其故，王曰："吾本乘兴而行，兴尽而返，何必见戴？"（任诞）

石崇厕常有十余婢侍列，皆丽服藻饰。置甲煎粉、沉香汁之属，无不毕备。又与新衣箸令出，客多羞不能如厕。王大将军往，脱故衣，箸新衣，神色傲然。群婢相谓曰："此客必能作贼。"（汰侈）

谢太傅于东船行，小人引船，或迟或速，或停或待，又放船从横，撞人触岸。公初不呵谴。人谓公常无嗔喜。曾送兄征西葬还，日莫雨驶，小人皆醉，不可处分。公乃于车中，手取车柱撞驭人，声色甚厉。夫以水性沉柔，入隘奔激。方之人情，固知迫隘之地，无得保其夷粹。（尤悔）

水经·江水注(节录)

江水又东,径巫峡,杜宇所凿以通江水也。江水历峡,东径新崩滩。此山汉和帝永元十二年崩,晋太元二年又崩。当崩之日,水逆流百余里,涌起数十丈。今滩上有石,或圆如箪,或方似屋,若此者甚众,皆崩崖所陨,致怒湍流,故谓之"新崩滩"。其颓崖所余,比之诸岭,尚为竦桀。其下十余里,有大巫山,非惟三峡所无,乃当抗峰岷、峨,偕岭衡、疑。其翼附群山,并概青云,更就霄汉辨其优劣耳。其间首尾百六十里,谓之巫峡,盖因山为名也。自三峡七百里中,两岸连山,略无阙处;重岩叠嶂,隐天蔽日,自非亭午夜分,不见曦月。至于夏水襄陵,沿溯阻绝,或王命急宣,有时朝发白帝,暮到江陵,其间千二百里,虽乘奔御风,不以疾也。春冬之时,则素湍绿潭,回清倒影。绝巘多生怪柏,悬泉瀑布,飞漱其间。清荣峻茂,良多趣味。每至晴初霜旦,林寒涧肃,常有高猿长啸,属引凄异,空谷传响,哀转久绝。故渔者歌曰:"巴东三峡巫峡长,猿鸣三声泪沾裳。"

江水又东,径黄牛山,下有滩,名曰黄牛滩。南岸重岭叠起,最外高崖间有石,色如人负刀牵牛,人黑牛黄,成就分明,既人迹所绝,莫得究焉。此岩既高,加以江湍纡回,虽途径信宿,犹望见此物。故行者谣曰:"朝发黄牛,暮宿黄牛,三朝三暮，黄牛如故。"言水路纡深，回望如一矣。

　　江水又东，径西陵峡。《宜都记》曰："自黄牛滩东入西陵界，至峡口百许里，山水纡曲，而两岸高山重障，非日中夜半，不见日月，绝壁或十许丈，其石彩色形容，多所像类。林木高茂，略尽冬春。猿鸣至清，山谷传响，泠泠不绝。"所谓三峡，此其一也。山松言：常闻峡中水疾，书记及口传，悉以临惧相戒，曾无称有山水之美也。及余来践跻此境，既至欣然，始信耳闻之不如亲见矣。其叠崿秀峰，奇构异形，固难以辞叙。林木萧森，离离蔚蔚，乃在霞气之表。仰瞩俯映，弥习弥佳，流连信宿，不觉忘返。目所履历，未尝有也。既自欣得此奇观，山水有灵，亦当惊知己于千古矣。

文心雕龙·物色

刘 勰

春秋代序，阴阳惨舒，物色之动，心亦摇焉。

盖阳气萌而玄驹步，阴律凝而丹鸟羞，微虫犹或入感，四时之动物深矣。若夫珪璋挺其惠心，英华秀其清气，物色相召，人谁获安？是以献岁发春，悦豫之情畅；滔滔孟夏，郁陶之心凝。天高气清，阴沉之志远；霰雪无垠，矜肃之虑深。岁有其物，物有其容；情以物迁，辞以情发。一叶且或迎意，虫声有足引心。况清风与明月同夜，白日与春林共朝哉！

是以诗人感物，联类不穷。流连万象之际，沉吟视听之区。写气图貌，既随物以宛转；属采附声，亦与心而徘徊。故"灼灼"状桃花之鲜，"依依"尽杨柳之貌，"杲杲"为出日之容，"瀌瀌"拟雨雪之状，"喈喈"逐黄鸟之声，"喓喓"学草虫之韵。"皎日""嘒星"，一言穷理；"参差""沃若"，两字连形。并以少总多，情貌无遗矣。虽复思经千载，将何易夺？

及《离骚》代兴，触类而长，物貌难尽，故重沓舒状，于是嵯峨之类聚，葳蕤之群积矣。及长卿之徒，诡势瑰声，模山范水，字必鱼贯。所谓诗人丽则而约言，辞人丽淫而繁句也。

至如《雅》咏棠华，"或黄或白"；《骚》述秋兰，"绿叶""紫茎"。凡摛表五色,贵在时见;若青黄屡出,则繁而不珍。

自近代以来,文贵形似,窥情风景之上,钻貌草木之中。吟咏所发,志惟深远,体物为妙,功在密附。故巧言切状,如印之印泥,不加雕削,而曲写毫芥。故能瞻言而见貌,即字而知时也。然物有恒姿,而思无定检,或率尔造极,或精思愈疏。且《诗》《骚》所标,并据要害,故后进锐笔,怯于争锋。莫不因方以借巧,即势以会奇,善于适要,则虽旧弥新矣。是以四序纷回,而入兴贵闲;物色虽繁,而析辞尚简;使味飘飘而轻举,情晔晔而更新。古来辞人,异代接武,莫不参伍以相变,因革以为功,物色尽而情有余者,晓会通也。

若乃山林皋壤,实文思之奥府。略语则阙,详说则繁。然屈平所以能洞监《风》《骚》之情者,抑亦江山之助乎?

赞曰:

山沓水匝,树杂云合。目既往还,心亦吐纳。春日迟迟,秋风飒飒。情往似赠,兴来如答。

韩愈文两篇

原　毁

古之君子，其责己也重以周，其待人也轻以约。重以周，故不怠；轻以约，故人乐为善。闻古之人有舜者，其为人也，仁义人也。求其所以为舜者，责于己曰："彼人也，予人也，彼能是，而我乃不能是。"早夜以思，去其不如舜者，就其如舜者。闻古之人有周公者，其为人也，多才与艺人也。求其所以为周公者，责于己曰："彼人也，予人也，彼能是，而我乃不能是。"早夜以思，去其不如周公者，就其如周公者。舜大圣人也，后世无及焉；周公大圣人也，后世无及焉。是人也，乃曰："不如舜，不如周公，吾之病也。"是不亦责于身者重以周乎！其于人也，曰："彼人也，能有是，是足为良人矣；能善是，是足为艺人矣。"取其一，不责其二；即其新，不究其旧，恐恐然，惟惧其人之不得为善之利。一善易修也，一艺易能也，其于人也，乃曰："能有是，是亦足矣。"曰："能善是，是亦足矣。"不亦待于人者轻以约乎！

今之君子则不然，其责人也详，其待己也廉。详，故人难于为善；廉，故自取也少。己未有善，曰："我善是，是亦足矣。"己未有能，曰："我能是，是亦足矣。"外以欺于人，内以欺于心，未少有得而止矣。不亦待其身者已廉乎？其于人也，曰："彼虽能是，其人不足称也；彼虽善是，其用不足称也。"举其一，不计其十；究其旧，不图其新，恐恐然，惟惧其人之有闻也。是不亦责于人者已详乎！夫是之谓不以众人待其身，而以圣人望于人，吾未见其尊己也。

虽然，为是者，有本有原，怠与忌之谓也。怠者不能修，而忌者畏人修。吾常试之矣，常试语于众曰："某良士。某良士。"其应者必其人之与也；不然，则其所疏远不与同其利者也；不然，则其畏也。不若是，强者必怒于言，懦者必怒于色矣。又尝语于众曰："某非良士。某非良士。"其不应者，必其人之与也；不然，则其所疏远不与同其利者也；不然。则其畏也。不若是，强者必说于言，懦者必说于色矣。是故事修而谤兴，德高而毁来。呜呼！士之处此世，而望名誉之光、道德之行，难已！将有作于上者，得吾说而存之，其国家可几而理欤？

答李翊书

六月二十六日，愈白。李生足下：

生之书辞甚高，而其问何下而恭也。能如是，谁不欲告生以其道？道德之归也有日矣，况其外之文乎？抑愈所谓望孔子之门墙而不入于其宫者，焉足以知是且非耶？虽然，不可不为生言之。

生所谓"立言"者，是也；生所为者与所期者，甚似而几矣。抑不知生之志,蕲胜于人而取于人耶?将蕲至于古之立言者耶?蕲胜于人而取于人,则固胜于人而可取于人矣。将蕲至于古之立言者,则无望其速成,无诱于势利,养其根而俟其实,加其膏而希其光。根之茂者其实遂,膏之沃者其光晔。仁义之人,其言蔼如也。

抑又有难者。愈之所为,不自知其至犹未也。虽然,学之二十余年矣。始者,非三代两汉之书不敢观,非圣人之志不敢存。处若忘,行若遗,俨乎其若思,茫乎其若迷。当其取于心而注于手也,惟陈言之务去,戛戛乎其难哉!其观于人,不知其非笑之为非笑也。如是者亦有年,犹不改。然后识古书之正伪,与虽正而不至焉者,昭昭然白黑分矣,而务去之,乃徐有得也。当其取于心而注于手也,汩汩然来矣。其观于人也,笑之则以为喜,誉之则以为忧,以其犹有人之说者存也。如是者亦有年,然后浩乎其沛然矣。吾又惧其杂也,迎而距之,平心而察之,其皆醇也,然后肆焉。虽然,不可以不养也。行之乎仁义之途,游之乎诗书之源。无迷其途,无绝其源,终吾身而已矣。

气,水也;言,浮物也。水大而物之浮者,大小毕浮。气之与言犹是也。气盛则言之短长与声之高下者皆宜。虽如是,其敢自谓几于成乎?虽几于成,其用于人也,奚取焉?

虽然,待用于人者,其肖于器耶?用与舍属诸人。君子则不然。处心有道,行己有方,用则施诸人,舍则传诸其徒,垂诸文而为后世法。如是者,其亦足乐乎?其无足乐也?有志乎古者希矣,志乎古必遗乎今。吾诚乐而悲之。亟称其人,所以劝之,非敢褒其可褒而贬其可贬也。

问于愈者多矣,念生之言不志乎利,聊相为言之。愈白。

永洲山水小记
柳宗元

游黄溪记

北之晋,西适幽,东极吴,南至楚越之交,其间名山水而州者以百数,永最善。环永之治百里,北至于梧溪,西至于湘之源,南至于泷泉,东至于黄溪东屯,其间名山水而村者以百数,黄溪最善。

黄溪距州治七十里。由东屯南行六百步,至黄神祠。祠之上两山墙立,丹碧之华叶骈植,与山升降,其缺者为崖峭岩窟。水之中皆小石平布。

黄神之上,揭水八十步,至初潭,最奇丽,殆不可状。其略如剖大瓮,侧立千尺,溪水积焉。黛蓄膏渟,来若白虹,沉沉无声,有鱼数百尾,方来会石下。

南去,又行百步,至第二潭。石皆巍然,临峻流,若颏颔龂腭。其下大石杂列,可坐饮食。有鸟赤首乌翼,大如鹄,方东向立。

自是又南数里,地皆一状。树益壮,石益瘦,水鸣皆锵然。

又南一里,至大冥之川,山舒水缓,有土田。始黄神为人时,居其地。传者曰:"黄神王姓,莽之世也。莽既死,神更号黄氏,逃来,择其深峭者潜焉。"始莽尝曰:"余,黄、虞之后也。"故号其女曰黄皇室主。黄与王声相迩,而又有本,其所以传言者益验。神既居是,民咸安焉,以为有道。死乃俎豆之,为立祠。后稍徙近乎民。今祠在山阴溪水上。

元和八年五月十六日,既归为记,以启后之好游者。

始得西山宴游

自余为僇人,居是州,恒惴栗。其隙也,则施施而行,漫漫而游。日与其徒上高山,入深林,穷回溪,幽泉怪石,无远不到。到则披草而坐,倾壶而醉。醉则更相枕以卧,卧而梦。意有所极,梦亦同趣。觉而起,起而归。以为凡是州之山水有异态者,皆我有也,而未始知西山之怪特。

今年九月二十八日,因坐法华西亭,望西山,始指异之。遂命仆过湘江,缘染溪,斫榛莽,焚茅茷,穷山之高而止。

攀援而登,箕踞而遨,则凡数州之土壤,皆在衽席之下。其高下之势,岈然洼然,若垤若穴,尺寸千里,攒蹙累积,莫得遁隐。萦青缭白,外与天际,四望如一。然后知是山之特立,不与培塿为类。悠悠乎与颢气俱,而莫得其涯;洋洋乎与造物者游,而不知其所穷。引觞满酌,颓然就醉,不知日之入。苍然暮色,自远而至,至无所见,而犹不欲归。心凝形释,与万化冥合。然后知吾向之未始游,游于是乎始。

故为之文以志。是岁,元和四年也。

钴鉧潭记

钴鉧潭在西山西。其始盖冉水自南奔注,抵山石,屈折东流;其颠委势峻,荡击益暴,啮其涯,故旁广而中深,毕至石乃止。流沫成轮,然后徐行。其清而平者且十亩,有树环焉,有泉悬焉。

其上有居者,以余之亟游也,一旦款门来告曰:"不胜官租、私券之委积,既芟山而更居,愿以潭上田贸财以缓祸。"

予乐而如其言。则崇其台,延其槛,行其泉,于高者而坠之潭,有声潨然。尤与中秋观月为宜,于以见天之高,气之迥。孰使余乐居夷而忘故土者?非兹潭也欤!

钴鉧潭西小丘记

得西山后八日,寻山口西北道二百步,又得钴鉧潭。

潭西二十五步,当湍而浚者为鱼梁。梁之上有丘焉,生竹树。其石之突怒偃蹇,负土而出,争为奇状者,殆不可数。其嵚然相累而下者,若牛马之饮于溪;其冲然角列而上者,若熊罴之登于山。丘之小不能一亩,可以笼而有之。

问其主,曰:"唐氏之弃地,货而不售。"问其价,曰:"止四百。"余怜而售之。李深源、元克己时同游,皆大喜,出自意外。即更取器用,铲刈秽草,伐去恶木,烈火而焚之。嘉木立,美竹露，奇石显。由其中以望，则山之高，云之浮，溪之流，鸟兽之遨游，举熙熙然回巧献技，以效兹丘之下。枕席而卧，则清泠之状与目谋，瀯瀯之声与耳谋，悠然而虚者与神谋，渊然而静者与心谋。不匝旬而得异地者二，虽古好事之士，或未能至焉。

噫！以兹丘之胜，致之沣、镐、鄠、杜，则贵游之士争买者，日增千金而愈不可得。今弃是州也，农夫渔父过而陋之，贾四百，连岁不能售。而我与深源、克己独喜得之，是其果有遭乎！

书于石，所以贺兹丘之遭也。

至小丘西小石潭记

从小丘西行百二十步，隔篁竹，闻水声，如鸣珮环，心乐之。伐竹取道，下见小潭，水尤清冽。泉石以为底，近岸，卷石底以出，为坻，为屿，为嵁，为岩。青树翠蔓，蒙络摇缀，参差披拂。潭中鱼可百许头，皆若空游无所依。日光下澈，影布石上，佁然不动，俶尔远逝，往来翕忽。似与游者相乐。

潭西南而望，斗折蛇行，明灭可见。其岸势犬牙差互，不可知其源。

坐潭上，四面竹树环合，寂寥无人，凄神寒骨，悄怆幽邃。以其境过清，不可久居，乃记之而去。

同游者：吴武陵龚古、余弟宗玄；隶而从者，崔氏二小生：曰恕己，曰奉壹。

袁家渴记

由冉溪西南水行十里，山水之可取者五，莫若钴鉧潭。由溪口而西，陆行，可取者八九，莫若西山。由朝阳岩东南水行，至芜江，可取者三，莫若袁家渴。皆永中幽丽奇处也。

楚、越之间方言，谓水之反流为"渴"。音若"衣褐"之"褐"。渴上与南馆高嶂合，下与百家濑合。其中重洲小溪，澄潭浅渚，间厕曲折，平者深墨，峻者沸白。舟行若穷，忽而无际。有小山出水中，山皆美石，上生青丛，冬夏常蔚然。其旁多岩洞，其下多白砾，其树多枫、柟、石楠、樟、柚，草则兰、芷。又有奇卉，类合欢而蔓生，轇轕水石。每风自四山而下，振动大木，掩苒众草，纷红骇绿，蓊葧香气，冲涛旋濑，退贮溪谷，摇飏葳蕤，与时推移。其大都如此，余无以穷其状。

永之人未尝游焉，余得之不敢专焉，出而传于世。其地主袁氏，故以名焉。

石渠记

自渴西南行不能百步，得石渠，民桥其上。有泉幽幽然，其鸣乍大乍细。渠之广或咫尺，或倍尺，其长可十许步。其流抵大石，伏出其下。

逾石而往，有石泓，昌蒲被之，青鲜环周。

又折西行，旁陷岩石下，北堕小潭。潭幅员减百尺，清深多鯈鱼。

又北曲行纡余,睨若无穷,然卒入于渴。

其侧皆诡石、怪木、奇卉、美箭,可列坐而庥焉。风摇其巅,韵动崖谷。视之既静,其听始远。

予从州牧得之。揽去翳朽,决疏土石,既崇而焚,既釃而盈。惜其未始有传焉者,故累记其所属,遗之其人,书之其阳,俾后好事者求之得以易。

元和七年正月八日,鷁渠至大石。十月十九日,逾石得石泓小潭,渠之美于是始穷也。

石涧记

石渠之事既穷,上由桥西北,下土山之阴,民又桥焉。其水之大,倍石渠三之一。亘石为底,达于两涯。若床若堂,若陈筵席,若限阃奥。水平布其上,流若织文,响若操琴。揭跣而往,折竹,扫陈叶,排腐木,可罗胡床十八九居之。交络之流,触激之音,皆在床下;翠羽之木,龙鳞之石,均荫其上。古之人其有乐乎此耶?后之来者,有能追予之践履耶?得意之日,与石渠同。

由渴而来者,先石渠,后石涧;由百家濑上而来者,先石涧,后石渠。

涧之可穷者,皆出石城村东南,其间可乐者数焉。其上深山幽林逾峭险,道狭不可穷也。

小石城山记

自西山道口径北,逾黄茅岭而下,有二道:其一西出,寻之无所得;其一少北而东,不过四十丈,土断而川分,有积石横当其垠。其上为睥睨、梁欐之形,其旁出堡坞,有若门焉。窥之正黑,投以小石,洞然有水声,其响之激越,良久乃已。环之可上,望甚远,无土壤而生嘉树美箭,益奇而坚,其疏数偃仰,类智者所施设也。

噫!吾疑造物者之有无久矣。及是,愈以为诚有。又怪其不为之中州,而列是夷狄,更千百年不得一售其伎,是固劳而无用。神者傥不宜如是,则其果无乎!

或曰:"以慰夫贤而辱于此者。"或曰:"其气之灵,不为伟人,而独为是物,故楚之南少人而多石。"是二者,余未信之。

资治通鉴·肥水之战
司马光

晋太元八年秋七月，秦王坚下诏大举入寇，民每十丁遣一兵；其良家子年二十已下有材勇者，皆拜羽林郎。又曰："其以司马昌明为尚书左仆射，谢安为吏部尚书，桓冲为侍中。势还不远，可先为起第。"良家子至者三万余骑，拜秦州主簿赵盛之为少年都统。

是时朝臣皆不欲坚行，独慕容垂、姚苌及良家子劝之。阳平公融言于坚曰："鲜卑、羌虏，我之仇雠，常思风尘之变以逞其志，所陈策画，何可从也？良家少年皆富饶子弟，不闲军旅，苟为谄谀之言以会陛下之意耳。今陛下信而用之，轻举大事。臣恐功既不成，仍有后患，悔无及也！"坚不听。

八月，戊午，坚遣阳平公融督张蚝、慕容垂等步骑二十五万为前锋；以兖州刺史姚苌为龙骧将军，督益、梁州诸军事。坚谓苌曰："昔朕以'龙骧'建业，未尝轻以授人，卿其勉之！"左将军窦冲曰："王者无戏言，此不祥之征也！"坚默然。慕容楷、慕容绍言于慕容垂曰："主上骄矜已甚，叔父建中兴之业，在此行也！"垂曰："然，非汝谁与成之？"

甲子，坚发长安，戎卒六十余万，骑二十七万，旗鼓相望，前后千里。九月，坚至项城，凉州之兵始达咸阳，蜀、汉之兵方顺流而下，幽、冀之兵至于彭城，东西万里，水陆齐进，运漕万艘。阳平公融等兵三十万，先至颍口。

诏以尚书仆射谢石为征虏将军、征讨大都督，以徐、兖二州刺史谢玄为前锋都督，与辅国将军谢琰、西中郎将桓伊等众共八万拒之；使龙骧将军胡彬以水军五千援寿阳。琰，安之子也。

是时秦兵既盛，都下震恐。谢玄入，问计于谢安。安夷然，答曰："已别有旨。"既而寂然。玄不敢复言，乃令张玄重请。安遂命驾出游山墅，亲朋毕集，与玄围棋赌墅。安棋常劣于玄，是日玄惧，便为敌手而又不胜。安遂游陟，至夜乃还。

桓冲深以根本为忧，遣精锐三千入卫京师。谢安固却之曰："朝廷处分已定，兵甲无阙，西藩宜留以为防。"冲对佐吏叹曰："谢安石有庙堂之量，不闲将略。今大敌垂至，方游谈不暇，遣诸不经事少年拒之；众又寡弱，天下事已可知。吾其左衽矣！"

冬，十月，秦阳平公融等攻寿阳。癸酉，克之，执平虏将军徐元喜等。融以其参军河南郭褒为淮南太守。慕容垂拔郧城。胡彬闻寿阳陷，退保硖石，融进攻之。秦卫将军梁成等帅众五万屯于洛涧，栅淮以遏东兵。谢石、谢玄等去洛涧二十五里而军，惮成不敢进。胡彬粮尽，潜遣使告石等曰："今贼盛粮尽，恐不复见大军！"秦人获之，送于阳平公融。融驰使白秦王坚曰："贼少易擒，但恐逃去，宜速赴之。"坚乃留大军于项城，引轻骑八千，兼道就融于寿阳。遣尚书朱序来说谢石等，以为强弱异势，不如速降。序私谓石等曰："若秦百万之众尽至，诚难与为敌。今乘诸军未集,宜速击之。若败其前锋,则彼已夺气,可遂破也。"石闻坚在寿阳,甚惧,欲不战以老秦师。谢琰劝石从序言。

十一月,谢玄遣广陵相刘牢之率精兵五千人趣洛涧,未至十里,梁成阻涧为陈以待之。牢之直前渡水击成,大破之,斩成及弋阳太守王咏。又分兵断其归津,秦步骑崩溃,争赴淮水,士卒死者万五千人。执秦扬州刺史王显等,尽收其器械军实。于是谢石等诸军水陆继进。秦王坚与阳平公融登寿阳城望之,见晋兵部阵严整,又望八公山上草木,皆以为晋兵,顾谓融曰:"此亦勍敌,何谓弱也!"怃然始有惧色。

秦兵逼淝水而陈,晋兵不得渡。谢玄遣使谓阳平公融曰:"君悬军深入,而置陈逼水,此乃持久之计,非欲速战者也。若移陈少却,使晋兵得渡,以决胜负,不亦善乎?"秦诸将皆曰:"我众彼寡,不如遏之,使不得上,可以万全。"坚曰:"但引兵少却,使之半渡,我以铁骑蹙而杀之,蔑不胜矣。"融亦以为然,遂麾兵使却。秦兵遂退,不可复止。谢玄、谢琰、桓伊等引兵渡水击之。融驰骑略陈,欲以帅退者,马倒,为晋兵所杀,秦兵遂溃。玄等乘胜追击,至于青冈。秦兵大败,自相蹈藉而死者,蔽野塞川。其走者闻风声鹤唳,皆以为晋兵且至,昼夜不敢息,草行露宿,重以饥冻,死者什七、八。初,秦兵少却,朱序在陈后呼曰:"秦兵败矣!"众遂大奔。序因与张天锡、徐元喜皆来奔。获秦王坚所乘云母车。复取寿阳,执其淮南太守郭褒。

坚中流矢,单骑走至淮北,饥甚,民有进壶飧、豚髀者,坚食之,赐帛十匹、绵十斤。辞曰:"陛下厌苦安乐,自取危困。臣为陛下子,陛下为臣父,安有子饲其父而求报乎?"弗顾而去。坚谓张夫人曰:"我今复何面目治天下乎!"潸然流涕。

是时诸军皆溃,惟慕容垂所将三万人独全,坚以千余骑赴之。世子宝言于垂曰:"家国倾覆,天命人心皆归至尊,但时运未至,故晦迹自藏耳。今秦主兵败,委身于我,是天借之便,以复燕祚,此时不可失也。愿不以意气微恩忘社稷之重!"垂曰:"汝言是也。然彼以赤心投命于我,若之何害之?天苟弃之,不患不亡?不若保护其危以报德,徐俟其衅而图之。既不负宿心,且可以义取天下。"奋威将军慕容德曰:"秦强而并燕,秦弱而图之,此为报仇雪耻,非负宿心也。兄奈何得而不取,释数万之众以授人乎?"垂曰:"吾昔为太傅所不容,置身无所,逃死于秦。秦主以国士遇我,恩礼备至。后复为王猛所卖,无以自明,秦主独能明之。此恩何可忘也。若氐运必穷,吾当怀集关东,以复先业耳。关西会非吾有也。"冠军行参军赵秋曰:"明公当绍复燕祚,著于图谶。今天时已至,尚复何待?若杀秦主,据邺都鼓行而西,三秦亦非苻氏之有也。"垂亲党多劝垂杀坚,垂皆不从,悉以兵授坚。平南将军慕容暐屯郧城,闻坚败,弃其众遁去,至荥阳。慕容德复说暐起兵以复燕祚,暐不从。

谢安得驿书,知秦兵已败,时方与客围棋,摄书置床上,了无喜色,围棋如故。客问之,徐答曰:"小儿辈遂已破贼。"既罢,还内,过户限,不觉屐齿之折。

丁亥,谢石等归建康,得秦乐工,能习旧声,于是宗庙始备金石之乐。乙未,以张天锡为散骑常侍,朱序为琅邪内史。

东坡题跋(选录)
苏轼

自评文

吾文如万斛泉源,不择地皆可出。在平地,滔滔汩汩,虽一日千里无难。及其与山石曲折,随物赋形而不可知也。所可知者,常行于所当行,常止于不可不止,如是而已矣。其它虽吾亦不能知也。

评韩柳诗

柳子厚诗在陶渊明下,韦苏州上,退之豪放奇险则过之,而温丽靖深不及也。所贵乎枯淡者,谓其外枯而中膏,似淡而实美,渊明、子厚之流是也。若中边皆枯淡,亦何足道。佛云:"如人食蜜,中边皆甜。"人食五味,知其甘枯者皆是,能分别其中边者,百无一二也。

书渊明酹刘柴桑传

自夏历秋,毒热七八日不解,炮灼理极,意谓不复有清凉时。今日忽凄风微雨,遂御夹衣。顾念兹岁,屈指可尽。澎泽云:"今我不为乐,知有来岁否?"此言真可为惕然也。

题逸少贴

逸少为王述所困,自誓去官,超然于事物之外,尝自言"吾当卒以乐死",然欲一游岷岭,勤勤如此,而至死不果。乃知山水游放之乐,自是人生难必之事。况乎市朝眷恋之徒,而出山林独往之言,固已疏矣。

记与君谟论书

作字要手熟,则神气完实而有余韵,与静中自是一乐事。然常患少暇,岂于其所乐常不足耶?自苏子美死,遂觉笔法中绝。近年蔡君谟独步当世,往往谦让不肯主盟。往年予尝戏谓君谟,言"学书如溯急流,用尽气力,不离旧处",君谟颇诺,以为能取譬。今思此语,已四十余年,竟何如哉?

记欧公论把笔

把笔无定法，要使虚而宽。欧阳文忠公谓余"当使指运而腕不知"，此语最妙。方其运也，左右前后却不免欹侧。及其定也，上下如引绳，此之谓笔正。柳公权之语良是。

书　砚

砚之发墨者必废笔，不费笔则退墨，二德难兼，非独砚也。大字难结密，小字常局促；真书患不放，草书苦无法；茶苦患不美，酒美患不辣。万事无不然，可一大笑也。

书临皋风月

临皋亭下，不数十步便是大江。其半是峨眉雪水，吾饮食沐浴皆取焉，何必归乡哉？江山风月，本无常主，闲者便是主人。问范子丰新第园池，与此熟胜？所不如者，上无两税及助役耳。

记承天寺夜游

元丰六年十月十二日夜，解衣欲睡，月色入户，欣然起行。念无与为乐者，遂至承天寺寻张怀民。怀民亦未寝，相与步于中庭，庭下如积水空明，水中藻荇交横，盖竹柏影也。何夜无月，何处无竹柏？但少闲人如吾两人者耳。

书陈怀立传神

传神之难在于目。顾虎头云："传神写照，都在阿堵中。"其次在颧颊。吾尝于灯下顾见颊影，使人就壁画之，不作眉目，见者皆失笑，知其为吾也。目与颧颊似，余无不似者。眉与鼻口，盖可增减取似也。传神与相一道。欲得其人之天，法当于众中阴察其举止。今乃使具衣冠坐，注视一物，彼敛容自持，岂复得其天乎？凡人意思各有所在，或在眉目，或在鼻口。虎头云："颊上加三毛，觉精采殊胜。"则此人意思盖在颧颊间也。优孟学孙叔敖，抵掌谈笑，至使人谓死者复生，此岂能举体皆是耶？亦得其意思所在而已。使画者悟此理，则人人可以为顾、陆。吾尝见僧惟真画曾鲁公，初不甚似。一日往见公，归而喜甚，曰"吾得之矣！"乃于眉后加三纹，隐约可见，作仰首上视，眉扬而额蹙者遂大似。南都人陈怀立传吾神，众以为得其全者。怀立举止如诸生，萧然有意于笔墨之外者也，故以所闻者助发之。

书蒲永昇画后

古今画水，多作平远细皱。其善者能为波头起伏，使人至以手扪之，谓有洼隆，以为至妙矣。然其品格特与印板水纸争工拙于毫厘间耳。唐广明中，处士孙位始出新意，画奔湍巨浪，与山石曲折，随物赋形，尽水之变，号称神逸。其后蜀人黄筌孙知微皆得其笔法。始知微欲于大慈寺寿宁院壁作湖山水石四堵，营度经岁，终不肯下笔。一日，仓皇入寺，索笔墨甚急，奋袂如风雨，须臾而成。作输泻跳戏之状，汹汹欲崩屋也。知微既死，笔法中绝五十余年。近岁成都人蒲永升嗜酒放浪，性与画会，始作活水，得而二孙本意。自黄居寀兄弟、李怀衮之流，皆不及也。王公官人或以势力使之，永升辄嬉笑舍去，遇其欲画，不择贵贱，顷刻而成。尝与余临寿宁院水作二十四幅，每夏日挂之高堂素壁，即阴风袭人，毛发为立。永升今老矣，画亦难得，而世之识真者亦少。如往时董羽，近日常州戚氏画水，世或传宝之。如董戚之流，可谓死水，未可与永升同年而语也。元丰三年十二月十八日夜黄州临皋亭西斋戏书。

书吴道子画后

智者创物，能者述焉，非一人而成也。君子之于学，百工之于技，自三代历汉至唐而备矣。故诗至于杜子美，文至于韩退之，书至于颜平原，画至于吴道子，而古今之变，天下之能事毕矣。道子画人物，如以烘取影，逆来顺往，旁见侧出，横斜平直，各相乘除，得自然之数，不差毫末。出新意于法度之中，寄妙理于豪放之外，所谓游刃余地，运斤成风，盖古今一人而已。余于他画，或不能必其主名，至于道子，望而知其真伪也。然世罕有其真者，如史全叔所藏，平生一见而已。元丰八年十一月七日书。

中山徐氏宁王神道碑

明太祖

大明中山武宁王,姓徐氏,讳达,凤阳府凤阳县人,家世农业。王年二十有二,值元末兵兴。岁癸巳,朕集义旅,王来麾下。朕视其所以周旋几二年,动静语默,悉超群英。于是命为帅首,凡有微征,以代朕行,又几一载。

明年乙未,朕被敌所执,敌之帅首亦为我军所执。明日,王来以身代,朕归。朕归,纵敌帅首易王还。已而从朕渡江,下采石、定太平。时机务浩繁,姑熟之郡,密迩大江,况元帅首蛮子海牙率舟师以拒江面,为朕肘腋之患,不暇率兵四征。乃命王为将,择精兵数千,东取溧水、溧阳。王兵至,守者不战,民庶咸安。

明年丙申春二月,败元舟师于采石,王仍屯溧水。三月,召王从征建业。越十日庚寅,师入建业。越七日丁酉,命为大将。浮江而下,水陆并进,东取京口,大破元师。京口已定,东探浙右。时张士诚擅称名号,遣将已据毗陵,旌旗相望。其守者潜遣间谍,诱我斥堠。王察知,遣使归告,请勒兵以讨,朕许之。王将三万人,逼近其垒,复遣归告:"贼势少窘,益兵可下。"朕遣战将千余员,甲士三万,师会合围毗陵。张士诚自姑苏发其弟张九六,将兵数万来援。王遣兵逆战,不移时破之,生擒张九六,城守犹坚。朕后益新附二万,合势共围。守者窘甚,计出多方,诱我新附者二万。新附帅首密从，倾营入城，助彼来战。初，我军环其城而营之。因新附者叛，四方去其三，独王固守其南。开平王犹营东南外一舍之余，扼彼援兵，尚未惊。闻新附者叛，寇迫王营，王拒守且战。开平自外来援，内外夹攻，大败其众，擒其守将张德，余军败入其城，王复环而困之。士诚自姑苏遣将吕珍，寅夜入城，督兵固守，与王相抗。初，彼军虽少，粮且足用，战守益坚。亦诱降人，军多粮少，战且狐疑。丁酉春，守将吕珍潜遁，城下，师旋。后遣征宁国，城围，援至，王发兵扼要而战，援者败，俘斩者众，旬日城降。宣城亦附。凯旋时，四方群雄甚多。朕固守江东数郡，命王秣马厉兵，以观四方之势。

又明年戊戌，命王点兵固守建业，朕亲下浙东。金华既平，二月师还。未几，遣王西征皖城，水陆并进，微北。秋，命王西征池州，师抵而平。陈友谅遣兵来救，斩首万级，生获三千余。时张士诚发兵，来寇宜兴，城陷。遣王将兵复取，师抵城下，不旬日城复，生获三千，余皆战死。其年惟杨元义兵尽归。

壬寅秋，王从朕下浔阳，陈友谅败溃。时张士诚发兵攻长兴，留王守浔阳。未几召归，师次中涂，令复守浔阳。比至，陈兵已入城守，王遣兵与战。陈兵复溃，俘斩数千，获其眷属、战骑。彼时浔阳之境空荒，弃而弗守，师旋建业。

癸卯春正月，取豫章，城降。命王西取武昌，不克。班师中涂，豫章内变，王复讨平。张士诚北寇寿春，朕亲往援，王为前部，张兵败北。旋师金斗，周围其城。战间，陈友谅大率兵寇豫章。诏王罢金斗之围，归整舟师，解豫章之难。秋七月，师次彭蠡，陈友谅罢围逆战。王身先诸将，败陈一巨艘，死者千五百人。自是彼军势弱，我军威振，由王身先。

癸卯岁，留王守京，朕西征武昌。甲申，武昌下。克陈之后，其年大会兵于京师。乙巳岁，命王取淮东、淮阴诸州，仲夏师旋。岁丙午，命率甲士二十余万，东取吴越。鏖战于吴兴皂林之野，生擒张兵六万，不戮一卒，尽赴京师。冬十有一月，师抵姑苏。明年丁未秋九月，姑苏下，兼浙左之大半，诏班师。命王西略苍梧，九溪率服，还军京师。

洪武元年戊申春正月，朕即大位。二月，命王为征虏大将军、银青荣禄大夫、上柱国、录军国重事、中书左丞相兼太子少傅、信国公。命率甲士二十五万，北定中原。抵齐、鲁而民安，所过辑兵守御，规画足食，兵不民扰。所得壮士，帅而徂征，不烦朕念。北齐既平，命渡河南。兵至大梁，父老壶浆以迎。西下洛阳，长驱崤函，直抵潼关，守者拒战，王命宋国公冯胜拔之。朕命据关而守，谕归大梁。北下河内，由邺下趋赵州，抵临清。其年八月三日辛未，北入胡都，捷奏平胡。复命西下晋、冀，如命。井陉长驱，晋、冀以平。

二年春正月，召渡河西。兵入关中，守者皆弃，全有关内之地。召归，天下太平。

三年冬十有一月，论功行赏。命王为开国辅运推诚宣力武臣，特进光禄大夫、左柱国、太傅、中书右丞相、征虏大将军，改封魏国公。五年夏五月，众议北入沙漠。王至岭北，兵疲而还。敕命沿边辑守，岁镇于燕，口外余民，自是收尽，海内无虞。

十七年甲子，太阴数犯上将，朕恶之，召罢北镇，劳劳于家。是年腊月二十有一日，染疾，朕恐之，星驰四召，名医咸至，终疾弗瘳。明年乙丑二月二十七日己未薨。特封中山王，谥武宁。享年五十有四。爰以是年四月十八日乙酉，葬于钟山之阴。生男四人，世子允恭袭封魏国公。女四人，长女燕王妃。

王平昔言简虑精，当提兵之时，令出不二，诸将敬若神明。所至之处，攻城不屠，与人不戏。凡受命而出，及功成而旋，每不自矜。至于封姑苏之府库，置胡宫之美人、财宝无所取，妇女无所爱，忠志无疵，昭明乎日月。既薨，朕恐岁月幽邈，磨迷伟绩。朕待亲笔生前，张我武威，偃兵息民，混一区夏，奠安神人之劳，以示子孙，耿光万世。勒诸坚石，树当神道。歌曰：

景命昌兮天彰，锡我英俊兮忠良。幽韬秘略兮神机，默温温兮兼刚。秉旄钺而徂征兮既出，幡幢缭绕兮雄气轩昂。战骑灵兮蹄疾，旌旗烈烈兮前行。六军济济兮甲胄，砺矛灿烂兮精铓。舍之兮周庐星列，属橐兮比比悬傍。刁斗声频兮令密，山川妖魔兮奚藏。弯弧力劲兮射檓枪，几披星月兮秋霜。奋忠海内兮孰前当，摧坚抚顺兮我武维扬。

人间词话（选录）

王国维

词以境界为最上，有境界则自成高格，自有名句。五代北宋之词所以独绝者在此。

有造境，有写境，此理想与写实二派之所由分。然二者颇难分别，因大诗人所造之境，必合乎自然，所写之境，亦必邻于理想故也。

有有我之境，有无我之境。"泪眼问花花不语，乱红飞过秋千去。""可堪孤馆闭春寒，杜鹃声里斜阳暮。"有我之境也。"采菊东篱下，悠然见南山。""寒波澹澹起，白鸟悠悠下。"无我之境也。有我之境，以我观物，故物我皆著我之色彩。无我之境，以物观物，故不知何者为我，何者为物。古人为词，写有我之境者为多，然未始不能写无我之境，此在豪杰之士能自树立耳。

无我之境，人唯于静中得之。有我之境，于由动之静时得之。故一优美一宏壮也。

自然中之物，互相关系，互相限制。然其写之于文学及美术中也，必遗其关系、限制之处，故虽写实家亦理想家也。又虽如何虚构之境，其材料必求之于自然，而其构造亦必从自然之法则，故虽"理想家"亦"写实家"也。

境非独谓景物也，喜怒哀乐亦人心中之一境界。故能写真景物真感情者，谓之有境界。否则谓之无境界。

词人者，不失其赤子之心者也。故生于深宫之中，长于妇人之手，是后主为人君所短处，亦即为词人所长处。

客观之诗人，不可不多阅世。阅世愈深，则材料愈丰富，愈变化，《水浒传》《红楼梦》之作者是也。主观之诗人，不必多阅世。阅世愈浅，则性情愈真，李后主是也。

古今之成大事业、大学问者，必经过三种之境界："昨夜西风凋碧树，独上高楼，望尽天涯路。"此第一境也。"衣带渐宽终不悔，为伊消得人憔悴。"此第二境也。"众里寻他千百度，蓦然回首，那人却在，灯火阑珊处。"此第三境也。此等语皆非大词人不能道。然遽以此意解释诸词，恐为晏欧诸公所不许也。

词忌用替代字。美成解语花之"桂华流瓦"，境界极妙。惜以"桂华"二字代"月"耳。梦窗以下，则用代字更多。其所以然者，非意不足，则语不妙也。盖意足则不暇代，语妙则不必代。此少游之"小楼连苑""绣毂雕鞍"，所以为东坡所讥也。

问"隔"与"不隔"之别。曰：陶谢之诗不隔，延年则稍隔已。东坡之诗不隔，山谷则稍隔矣。"池塘生春草""空梁落燕泥"等二句，妙处唯在不隔，词亦如是。即以一人一词论，如欧阳公《少年游》咏春草上半阕云："阑干十二独凭春，晴碧远连云。二月三月，千里万里，行色苦愁人。"语语都在目前，便是不隔。至云："谢家池上，江淹浦畔。"则隔矣。白石《翠楼吟》："此地宜有词仙，拥素云黄鹤，与君游戏。玉梯凝望久，叹芳草萋萋千里。"便是不隔。至"酒祓清愁，花消英气"则隔矣。然南宋词虽不隔处，比之前人，自有浅深厚薄之别。

"生年不满百，常怀千岁忧。昼短苦夜长，何不秉烛游？""服食求神仙，多为药所误。不如饮美酒，被服纨与素。"写情如此，方为不隔。"采菊东篱下，悠然见南山。山气日夕佳，飞鸟相与还。""天似穹庐，笼盖四野。天苍苍，野茫茫，风吹草低见牛羊。"写景如此，方为不隔。

四言敝而有楚辞，楚辞敝而有五言，五言敝而有七言，古诗敝而有律绝，律绝敝而有词。盖文体通行既久，染指遂多，自成习套。豪杰之士，亦难于其中自出新意，故遁而作他体，以自解脱。一切文体，所以始盛终衰者，皆由于此。故谓文学后不如前，余未敢信。但就一体论，则此说固无以易也。

诗之《三百篇》《十九首》，词之五代北宋，皆无题也。非无题也，诗词中之意，不能以题尽之也。自《花庵》《草堂》每调立题，并古人无题之词，亦为作题。如观一幅佳山水，而即曰此某山某河，可乎？诗有题而诗亡，词有题而词亡，然中材之士鲜能知此而自振拔者矣。

大家之作，其言情也必沁人心脾，其写景也必豁人耳目。其辞脱口而出，无矫揉妆束之态。以其所见者真，所知者深也。诗词皆然。持此以衡古今之作者，可无大误也。

诗人对宇宙人生，须入乎其内，又须出乎其外。入乎其内，故能写之。出乎其外，故能观之。入乎其内，故有生气。出乎其外，故有高致。美成能入而不出。白石以降，于此二事，皆未梦见。

第三编

任氏传

沈既济

任氏,女妖也。

有韦使君者,名崟,第九,信安王祎之外孙,少落拓,好饮酒。其从父妹婿曰郑六,不记其名,早习武艺,亦好酒色,贫无家,托身于妻族;与崟相得,游处不间。唐天宝九年夏六月,崟与郑子偕行于长安陌中,将会饮于新昌里。至宣平之南,郑子辞有故,请间去,继至饮所。崟乘白马而东,郑子乘驴而南。入升平之北门,偶值三妇人行于道中,中有白衣者,容色姝丽。郑子见之惊悦,策其驴,忽先之,忽后之,将挑而未敢。白衣时时盼睐,意有所受。郑子戏之曰:"美艳若此,而徒行,何也?"白衣笑曰:"有乘不解相假,不徒行何为?"郑子曰:"劣乘不足以代佳人之步。今辄以相奉,某得步从,足矣。"相视大笑。同行者更相眩诱,稍已狎暱。

郑子随之东,至乐游园,已昏黑矣。见一宅,土垣车门,室宇甚严。白衣将入,顾曰:"愿少踟蹰。"而入。女奴从者一人,留于门屏间,问其姓第,郑子既告,亦问之。对曰:"姓任氏,第二十。"少顷,延入。郑絷驴于门,置帽于鞍。始见妇人年三十余,与之承迎,即任氏姊也。列烛置膳,举酒数觞。任氏更妆而出,酣饮极欢。夜久而寝。其妍姿美质,歌笑态度,举措皆艳,殆非人世所有。将晓,任氏曰:"可去矣。某兄弟名系教坊,职属南衙,晨兴将出,不可淹留。"乃约后期而去。既行及里门,门扃未发,门旁有胡人鬻饼之舍,方张灯炽炉。郑子憩其帘下,坐以候鼓,因与主人言。郑子指宿所以问之,曰:"自此东转,有门者,谁氏之宅?"主人曰:"此隤墉弃地,无第宅也。"郑子曰:"适过之,曷以云无?"与之固争。主人适悟,乃曰:"吁!我知之矣。此中有一狐,多诱男子偶宿,尝三见矣,今子亦遇乎?"郑子赧而隐曰:"无。"质明,复视其所,见土垣车门如故。窥其中,皆蓁荒及废圃耳。

既归,见崟。崟责以失期。郑子不泄,以他事对。然想其艳冶,愿复一见之心,心尝存之不忘。经十许日,郑子游入西市衣肆,瞥然见之,曩女奴从。郑子遽呼之,任氏侧身周旋于稠人中以避焉。郑子连呼前迫,方肯立,以扇障其后,曰:"公知之,何相近焉?"郑子曰:"虽知之,何患?"对曰:"事可愧耻,难施面目。"郑子曰:"勤想如是,忍相弃乎?"对曰:"安敢弃也,惧公之见恶耳。"郑子发誓,词旨益切。任氏乃回眸去扇,光彩艳丽如初,谓郑子曰:"人间如某之比者非一,公自不识耳,无独怪也。"郑子请之与叙欢。对曰:"凡某之流,为人恶忌者非他,为其伤人耳。某则不然,若公未见恶,愿终己以奉巾栉。"郑子许与谋栖止。任氏曰:"从此而东,大树出于栋间者,门巷幽静,可税以居。前时自宣平之南,乘白马而东者,非君妻之昆弟乎?其家多什器,可以假用。"是时崟伯叔从役于四方,三院什器,皆贮藏之。郑子如言访其舍，而诣崟假什器。问其所用。郑子曰："新获一丽人，已税得其舍，假具以备用。"崟笑曰："观子之貌，必获诡陋，何丽之绝也？"崟乃悉假帷帐榻席之具，使家僮之惠黠者，随以觇之。俄而奔走返命，气吁汗洽。崟迎问之："有乎？"又问："容若何？"曰："奇怪也，天下未尝见之矣。"崟姻族广茂，且夙从逸游，多识美丽。乃问曰："孰若某美？"僮曰："非其伦也！"崟遍比其佳者四五人，皆曰："非其伦。"是时吴王之女有第六者，则崟之内妹，秾艳如神仙，中表素推第一。崟问曰："孰与吴王家第六女美？"又曰："非其伦也。"崟抚手大骇曰："天下岂有斯人乎？"遽命汲水澡颈，巾首，膏唇而往。

既至，郑子适出。崟入门，见小僮拥篲方扫，有一女奴在其门，他无所见。征于小僮，小僮笑曰："无之。"崟周视室内，见红裳出于户下，迫而察焉，见任氏戢身匿于扇间。崟引出就明而观之，殆过于所传矣。崟爱之发狂，乃拥而凌之，不服。崟以力制之，方急，则曰："服矣！请少回旋。"既从，则捍御如初，如是者数四。崟乃悉力急持之。任氏力竭，汗若濡雨。自度不免，乃纵体不复拒抗，而神色惨变。崟问曰："何色之不悦？"任氏长叹息曰："郑六之可哀也！"崟曰："何谓？"对曰："郑生有六尺之躯，而不能庇一妇人，岂丈夫哉！且公少豪侈，多获佳丽，遇某之比者众矣。而郑生穷贱耳，所称惬者唯某而已。忍以有余之心，而夺人之不足乎？哀其穷馁，不能自立，衣公之衣，食公之食，故为公所系耳。若糠糗可给，不当至是。"崟豪俊有义烈，闻其言，遽置之，敛衽而谢曰："不敢。"俄而郑子至，与崟相视咍乐。自是，凡任氏之薪粒牲饩，皆崟给焉。任氏时有经过，出入或车马舆步，不常所止。崟日与之游，甚欢。每相狎暱，无所不至，唯不及乱而已。是以崟爱之重之，无所怪惜；一食一饮，未尝忘焉。

任氏知其爱己，因言以谢曰："愧公之见爱甚矣，顾以陋质不足以答厚意，且不能负郑生，故不得遂公欢。某秦人也，生长秦城。家本伶伦，中表姻族，多为人宠媵，以是长安狭斜，悉与之通。或有姝丽，悦而不得者，为公致之可矣，愿持此以报德。"崟曰："幸甚。"廛中有鬻衣之妇曰张十五娘者，肌体凝洁，崟常悦之。因问任氏识之乎，对曰："是某表娣妹，致之易耳。"旬余，果致之，数月厌罢。任氏曰："市人易致，不足以展效。或有幽绝之难谋者，试言之，愿得尽智力焉。"崟曰："昨者寒食，与二三子游于千福寺，见刁将军缅张乐于殿堂。有善吹笙者，年二八，双鬟垂耳，娇姿艳绝。当识之乎？"任氏曰："此宠奴也。其母，即妾之内姊也。求之可也。"崟拜于席下，任氏许之。乃出入刁家。月余，崟促问其计。任氏愿得双缣以为赂，崟依给焉。后二日，任氏与崟方食，而缅使苍头控青骊以迓任氏。任氏闻召，笑谓崟曰："谐矣！"初，任氏加宠奴以病，针饵莫减，其母与缅忧之方甚，将征诸巫。任氏密赂巫者，指其所居，使言从就为吉。及视疾，巫曰："不利在家，宜出居东南某所，以取生气。"缅与其母详其地，则任氏之第在焉。缅遂请居，任氏谬辞以逼狭，勤请而后许。乃辇服玩，并其母偕送于任氏。至，则疾愈。未数日，任氏密引崟以通之，经月乃孕。其母惧，遽归以就缅，由是遂绝。

他日，任氏谓郑子曰："公能致钱五六千乎？将为谋利。"郑子曰："可。"遂假求于人，获钱六千。任氏曰："鬻马于市者，马之股有疵，可买入居之。"郑子如市，果见一人牵马求售者，青在左股。郑子买之以归。其妻昆弟皆嗤之，曰："是弃物也。买将何为？"无何，任氏曰："马可鬻矣。当获三万。"郑子乃卖之。有酬二万，郑子不与。一市尽曰："彼何苦而贵卖，此何爱而不鬻？"郑子乘之以归。买者随至其门，累增其估，至二万五千也。不与，曰："非三万不鬻。"其妻昆弟聚而诟之。郑子不获已，遂卖登三万。既而密伺买者，征其由，乃昭应县之御马疵股者，死三岁矣，斯吏不时除籍。官征其估，计钱六万。设其以半买之，所获尚多矣。若有马以备数，则三年刍粟之估，皆吏得之。且所偿盖寡，是以买耳。

任氏又以衣服故弊，乞衣于崟，崟将买全彩与之。任氏不欲，曰："愿得成制者。"崟召市人张大为买之，使见任氏，问所欲。张大见之，惊谓崟曰："此必天人贵戚，为郎所窃。且非人间所宜有者，愿速归之，无及于祸。"其容色之动人也如此。竟买衣之成者而不自纫缝也，不晓其意。

后岁余，郑子武调，授槐里府果毅尉，在金城县。时郑子方有妻室，虽昼游于外，而夜寝于内，多恨不得专其夕。将之官，邀与任氏俱去。任氏不欲往，曰："旬月同行，不足以为欢。请计给粮饩，端居以迟归。"郑子恳请，任氏愈不可。郑子乃求崟资助。崟与更劝勉，且诘其故。任氏良久，曰："有巫者言某是岁不利西行，故不欲耳。"郑子甚惑也，不思其他，与崟大笑曰："明智若此，而为妖惑，何哉！"固请之。任氏曰："倘巫者言可征，徒为公死，何益？"二子曰："岂有斯理乎？"恳请如初。任氏不得已，遂行。崟以马借之，出祖于临皋，挥袂别去。信宿，至马嵬。任氏乘马居其前，郑子乘驴居其后；女奴别乘，又在其后。是时西门圉人教猎狗于洛川，已旬日矣。适值于道，苍犬腾出于草间。郑子见任氏欻然坠于地，复本形而南驰。苍犬逐之。郑子逐走叫呼，不能止。里余，为犬所获。郑子衔涕出囊中钱，赎以瘗之，削木为记。回睹其马，啮草于路隅，衣服悉委于鞍上，履袜犹悬于镫间，若蝉蜕然。唯首饰坠地，余无所见。女奴亦逝矣。

旬余，郑子还城。崟见之喜，迎问曰："任子无恙乎？"郑子泫然对曰："殁矣。"崟闻之亦痛，相持于室，尽哀。徐问疾故。答曰："为犬所害。"崟曰："犬虽猛，安能害人？"答曰："非人。"崟骇曰："非人，何者？"郑子方述本末。崟惊讶叹息不能已。明日，命驾与郑子俱适马嵬，发瘗视之，长恸而归。追思前事，唯衣不自制，与人颇异焉。

其后郑子为总监使，家甚富，有枥马十余匹。年六十五，卒。大历中，沈既济居钟陵，尝与崟游，屡言其事，故最详悉。后崟为殿中侍御史，兼陇州刺史，遂殁而不返。

嗟乎，异物之情也有人道！遇暴不失节，徇人以至死，虽今妇人，有不如者矣。惜郑生非精人，徒悦其色而不征其情性。向使渊识之士，必能揉变化之理，察神人之际，著文章之美，传要妙之情，不止于赏玩风态而已。惜哉！

建中二年，既济自左拾遗于金吴。将军裴冀、京兆少尹孙成、户部郎中崔需、右拾遗陆淳皆适居东南，自秦徂吴，水陆同道。时前拾遗朱放因旅游而随焉。浮颍涉淮，方舟沿流，昼宴夜话，各征其异说。众君子闻任氏之事，共深叹骇，因请既济传之，以志异云。沈既济撰。

搜神记·胡母班
干 宝

胡母班曾至泰山之侧,忽于树间逢一绛衣驺,呼班云:"太山府君召!"母班惊愕,逡巡未答,复有一驺出呼之。遂随行数十步,驺请班暂瞑。少顷,便见宫室,威仪甚严。母班乃入阁拜谒,主为设食,语母班曰:"欲见君无他,欲附书与女婿耳。"母班问:"女郎何在?"曰:"女为河伯妇。"母班曰:"辄当奉书,不知何缘得达?"答曰:"今适河中流,便扣舟呼青衣,当自有取书者。"母班乃辞出。昔驺复令闭目。有顷,忽如故道。遂西行,如神言而呼青衣。须臾果有一女仆出,取书而没。少顷,复出云:"河伯欲暂见君。"婢亦请瞑目,遂拜谒河伯。河伯乃大设酒食,词旨殷懃。临别谓母班曰:"感君远为致书,无物相奉。"于是命左右:"取吾青丝履来!"以贻母班。母班出,瞑然忽得还舟。遂于长安经年而还。至泰山侧,不敢潜过。遂扣树自称姓名:"从长安还,欲启消息。"须臾昔驺出,引母班如向法而进。因致书焉。府君请曰:"当别再报。"母班语讫如厕,忽见其父着械徒作,此辈数百人。母班进拜流涕,问:"大人何因及此?"父云:"吾死,不幸见遣三年,于今已二年矣。困苦不可处。知汝今为明府所识,可为吾陈之。乞免此役,便欲得社公耳。"母班乃依教叩头陈乞。府君曰:"生死异路,不可相近,身无所惜。"母班苦请,方许之。于是辞出还家。岁余,儿子死亡略尽。母班惶惧,复诣泰山,扣树求见。昔驺遂迎之而见。母班乃自说:"昔辞旷拙,及还家,儿死亡至尽。今恐祸故未已,辄来启白,幸蒙哀救。"府君抚掌大笑曰:"昔语君:'死生异路不可相近'故也。"即敕外,召母班父。须臾至庭中,问之:"昔求还里社,当为门户作福,而孙息死亡至尽,何也?"答云:"久别乡里,自欣得还,又遇酒食充足,实念诸孙召而食之耳。"于是代之。父涕泣而出。母班遂还,后有儿皆无恙。

东城老父传
陈 鸿

老父,姓贾名昌,长安宣阳里人。开元元年癸丑生。元和庚寅岁,九十八年矣。视听不衰,言甚安徐,心力不耗,语太平事历历可听。父忠,长九尺,力能倒曳牛,以材官为中宫幕士。景龙四年,持幕竿随玄宗入大明宫,诛韦氏,奉睿宗朝群后,遂为景云功臣。以长刀备亲卫。诏徙家东云龙门。昌生七岁,趫捷过人,能抟柱乘梁,善应对,解鸟语音。

玄宗在藩邸时,乐民间清明节斗鸡戏。及即位,治鸡坊于两宫间,索长安雄鸡,金毫铁距、高冠昂尾千数,养于鸡坊。选六军小儿五百人,使驯扰教饲。上之好之,民风尤甚。诸王世家、外戚家、贵主家、侯家倾帑破产,市鸡以偿鸡直。都中男女以弄鸡为事,贫者弄假鸡。

帝出游,见昌弄木鸡于云龙门道旁,召入为鸡坊小儿,衣食右龙武军。三尺童子,入鸡群,如狎群小。壮者弱者,勇者怯者,水谷之时,疾病之候,悉能知之。举二鸡,鸡畏鸡驯,使令如人。护鸡坊中谒者王承恩言于玄宗。召试殿庭,皆中玄宗意,即日为五百小儿长。加之以忠厚谨密,天子甚爱幸之。金帛之赐,日至其家。开元十三年,笼鸡三百,从封东岳。父忠死泰山下,得子礼，奉尸归葬雍州。县官为葬器丧车，乘传洛阳道。十四年三月，衣斗鸡服，会玄宗于温泉，当时天下号为"神鸡童"。时人为之语曰："生儿不用识文字，斗鸡走马胜读书。贾家小儿年十三，富贵荣华代不如。能令金距期胜负，白罗绣衫随软舆。父死长安千里外，差夫持道挽丧车。"

昭成皇后之在相王府，诞圣于八月五日。中兴之后，制为千秋节，赐天下民牛酒乐三日，命之曰酺，以为常也。大合乐于宫中，岁或酺于洛。元会与清明节，率皆在骊山。每至是日，万乐具举，六宫毕从。昌冠雕翠金华冠，锦袖，绣襦裤，执铎拂道。群鸡叙立于广场，顾眄如神，指挥风生。树毛振翼，砺吻磨距，抑怒待胜，进退有期，随鞭指低昂不失。昌度胜负既决，强者前，弱者后，随昌雁行，归于鸡坊。角觝万夫，跳剑寻橦，蹴球踏绳，舞于竿颠者，索气沮色，逡巡不敢入。岂教猱扰龙之徒欤？

二十三年，玄宗为取梨园弟子潘大同女。男服佩玉，女服绣襦，皆出御府。昌男至信、至德。天宝中，妻潘氏以歌舞重幸于杨贵妃。夫妇席宠四十年，恩泽不渝，岂不敏于伎，谨于心乎？

上生于乙酉鸡辰，使人朝服斗鸡，兆乱于太平矣。上心不悟。十四载，胡羯陷洛，潼关不守，大驾幸成都，奔卫乘舆，夜出便门，马路道穿。伤足不能进，杖入南山。每进鸡之日，则向西南大哭。禄山往年朝于京师，识昌于横门外。及乱二京，以千金购昌长安、洛阳市。昌变姓名，依于佛舍，除地击钟，施力于佛。洎太上皇归兴庆宫，肃宗受命于别殿，昌还旧里。居室为兵掠，家无遗物。布衣憔悴，不复得入禁门矣。明日复出长安南门，道见妻儿于招国里，菜色黯焉。儿荷薪，妻负故絮，昌聚哭，诀于道。遂长逝息长安佛寺，学大师佛旨。

大历元年，依资圣寺大德僧运平，住东市海池，立陁罗尼石幢。书能纪姓名，读释氏经，亦能了其深义至道，以善心化市井人。建僧房佛舍，植美草甘木。昼把土拥根，汲水灌竹，夜正观于禅室。建中三年，僧运平人寿尽。服礼毕，奉舍利塔于长安东门外镇国寺东偏，手植松柏百株，构小舍居于塔下，朝夕焚香洒扫，事师如生。顺宗在东宫，舍钱三十万为昌立大师影堂及斋舍。又立外屋居游民，取佣给。昌因日食粥一杯，浆水一升，卧草席，絮衣。过是，悉归于佛。妻潘氏后亦不知所往。贞元中，长子至信衣并州甲，随大司徒燧矣入觐，省昌于长寿里。昌如己不生，绝之使去。次子至德归，贩缯洛阳市，来往长安间，岁以金帛奉昌，皆绝之。遂俱去，不复来。

元和中，颍川陈鸿祖携友人出春明门，见竹柏森然，香烟闻于道，下马觐昌于塔下。听其言，忘日之暮。宿鸿祖于斋舍，话身之出处，皆有条贯。遂及王制。鸿祖问开元之理乱。昌曰："老人少时，以斗鸡求媚于上。上倡优畜之，家于外宫，安以知朝廷之事？然有以为吾子言者。老人见黄门侍郎杜暹，出为碛西节度，摄御史大夫，始假风宪以威远。见哥舒翰之镇凉州也，下石堡，戍青海城，出白龙，逾葱岭，界铁关，总管河左道，七命始摄御史大夫。见张说之领幽州也，每岁入关，辄长辕挽辐车，辇河间、蓟州庸调缯布，驾毂连轵，坌入关门，输于王府，江淮绮縠，巴蜀锦绣，后宫玩好而已。河州敦煌道岁屯田，实边食，余粟转输灵州,漕下黄河,入太原仓,备关中凶年。关中粟米,藏于百姓。天子幸五岳,从官千乘马骑,不食于民。老人岁时伏腊得归休,行都市间,见有卖白衫白叠布。行邻比廛间,有人禳病,法用皂布一匹,持重价不克致,竟以幞头罗代之。近者,老人扶仗出门,阅街衢中,东西南北视之,见白衫者不满百。岂天下之人皆执兵乎?开元十二年,诏三省侍郎有缺,先求曾任刺史者。郎官缺,先求曾任县令者。及老人见四十三省郎吏,有理刑才名,大者出刺郡,小者镇县。自老人居大道旁,往往有郡太守休马于此,皆惨然不乐朝廷沙汰使治郡。开元取士,孝弟理人而已。不闻进士、宏词、拔萃之为。其得人也,大略如此。"因泣下,复言曰:"上皇北臣穹庐,东臣鸡林,南臣滇池,西臣昆池,三岁一来会。朝觐之礼容,临照之恩泽,衣之锦絮,饲之酒食,使展事而去,都中无留外国宾。今北胡与京师杂处,娶妻生子。长安中少年,有胡心矣。吾子视首饰靴服之制,不与向同,得非物妖呼?"鸿祖默不敢应而去。

李娃传
白行简

　　天宝中，有常州刺史荥阳公者，略其名氏，不书。时望甚崇，家徒甚殷。知命之年，有一子始弱冠矣，隽朗有词藻，迥然不群，深为时辈推伏。其父爱而器之，曰："此吾家千里驹也。"应乡赋秀才举，将行，乃盛其服玩车马之饰，计其京师薪储之费。谓之曰："吾观尔之才，当一战而霸。今备二载之用，且丰尔之给，将为其志也。"生亦自负，视上第如指掌。自毗陵发，月余抵长安，居于布政里。

　　尝游东市，还，自平康东门入，将访友于西南。至鸣珂曲，见一宅，门庭不甚广，而室宇严邃。阖一扉，有娃方凭一双鬟青衣立，妖姿要妙，绝代未有。生忽见之，不觉停骖久之，徘徊不能去。乃诈坠鞭于地，候其从者敕取之。累眄于娃，娃回眸凝睇，情甚相慕，竟不敢措辞而去。生自尔意若有失，乃密征其友游长安之熟者以讯之。友曰："此狭邪女李氏宅也。"曰："娃可求乎？"对曰："李氏颇赡，前与通之者，多贵戚豪族，所得甚广，非累百万，不能动其志也。"生曰："苟患其不谐，虽百万何惜？"他日，乃洁其衣服，盛宾从而往。扣其门，俄有侍儿启扃。生曰："此谁之第耶？"侍儿不答，驰走大呼曰："前时遗策郎也。"娃大悦曰："尔姑止之，吾当整妆易服而出。"生闻之，私喜。乃引至萧墙间，见一姥垂白上偻，即娃母也。生跪拜前致词曰："闻兹地有隙院，愿税以居，信乎？"姥曰："惧其浅陋湫隘，不足以辱长者所处，安敢言直耶？"延生于迟宾之馆，馆宇甚丽。与生偶坐，因曰："某有女娇小，技艺薄劣，欣见宾客，愿将见之。"乃命娃出，明眸皓腕，举步艳冶。生遽惊起，莫敢仰视。与之拜毕，叙寒燠，触类妍媚，目所未睹。复坐，烹茶斟酒，器用甚洁。久之日暮，鼓声四动。姥访其居远近。生绐之曰："在延平门外数里。"冀其远而见留也。姥曰："鼓已发矣，当速归，无犯禁。"生曰："幸接欢笑，不知日之云夕。道里辽阔，城内又无亲戚，将若之何？"娃曰："不见责僻陋，方将居之，宿何害焉。"生数目姥，姥曰："唯唯。"生乃召其家僮持双缣，请以备一宵之馔。娃笑而止之曰："宾主之仪，且不然也。今夕之费，愿以贫窭之家随其粗粝以进之，其余以俟他辰。"固辞，终不许。俄徙坐西堂，帷幙帘榻，焕然夺目；妆奁衾枕，亦皆侈丽。乃张烛进馔，品味甚盛。彻馔，姥起。生、娃谈话方切，诙谐调笑，无所不至。生曰："前偶过卿门，遇卿适在屏间。厥后心常勤念，虽寝与食，未尝或舍。"娃答曰："我心亦如之。"生曰："今之来，非直求居而已，愿偿平生之志。但未知命也若何。"言未终，姥至，询其故，具以告。姥笑曰："男女之际，大欲存焉。情苟相得，虽父母之命不能制也。女子固陋，曷足以荐君子之枕席？"生遂下阶拜而谢之，曰："愿以己为厮养。"姥遂目之为郎，饮酣而散。及旦，尽徙其囊橐，因家于李之第。

自是生屏迹戢身，不复与亲知相闻，日会倡优侪类，狎戏游宴。囊中尽空，乃鬻骏乘及其家童。岁余，资财仆马荡然。迩来姥意渐怠，娃情弥笃。他日，娃谓生曰："与郎相知一年，尚无孕嗣。常闻竹林神者，报应如响，将致荐酹求之，可乎？"生不知其计，大喜。乃质衣于肆，以备牢醴，与娃同谒祠宇而祷祝焉，信宿而返。策驴而后，至里北门，娃谓生曰："此东转小曲中，某之姨宅也，将憩而觐之，可乎？"生如其言，前行不逾百步，果见一车门。窥其际，甚弘敞。其青衣自车后止之曰："至矣。"生下，适有一人出访曰："谁？"曰："李娃也。"乃入告。俄有一妪至，年可四十余，与生相迎曰："吾甥来否？"娃下车，妪迎访之曰："何久疏绝？"相视而笑。娃引生拜之，既见，遂偕入西戟门偏院。中有山亭，竹树葱蒨，池榭幽绝。生谓娃曰："此姨之私第耶？"笑而不答，以他语对。俄献茶果，甚珍奇。食顷，有一人控大宛，汗流驰至曰："姥遇暴疾颇甚，殆不识人，宜速归。"娃谓姨曰："方寸乱矣，某骑而前去，当令返乘，便与郎偕来。"生拟随之，其姨与侍儿偶语，以手挥之，令生止于户外，曰："姥且殁矣，当与某议丧事，以济其急，奈何遽相随而去？"乃止，共计其凶仪斋祭之用。日晚，乘不至。姨言曰："无复命，何也？郎骤往以觇，某当继至。"生遂往，至旧宅，门扃钥甚密，以泥缄之。生大骇，诘其邻人。邻人曰："李本税此而居，约已周矣。第主自收，姥徙居而且再宿矣。"征徙何处。曰："不详其所。"生将驰赴宣阳，以诘其姨，日已晚矣，计程不能达。乃弛其装服，质馔而食，赁榻而寝。生恚怒方甚，自昏达旦，目不交睫。质明，乃策蹇而去。既至，连扣其扉，食顷无人应。生大呼数四，有宦者徐出。生遽访之："姨氏在乎？"曰："无之。"生曰："昨暮在此，何故匿之？"访其谁氏之第，曰："此崔尚书宅。昨者有一人税此院，云迟中表之远至者，未暮去矣。"生惶惑发狂，罔知所措，因返访布政旧邸。邸主哀而进膳。生怨懑，绝食三日，遘疾甚笃，旬余愈甚。邸主惧其不起，徙之于凶肆之中。绵缀移时，合肆之人共伤叹而互饲之。后稍愈，杖而能起。由是凶肆日假之，令执缌帷，获其直以自给。累月，渐复壮。每听其哀歌，自叹不及逝者，辄呜咽流涕，不能自止，归则效之。生聪敏者也。无何，曲尽其妙，虽长安无有伦比。

初二肆之佣凶器者，互争胜负。其东肆车轝皆奇丽，殆不敌，唯哀挽劣焉。其东肆长知生妙绝，乃赍钱二万索顾焉。其党耆旧，共较其所能者，阴教生新声而相赞和。累旬，人莫知之。其二肆长相谓曰："我欲各阅所佣之器于天门街，以较优劣。不胜者罚直五万，以备酒馔之用，可乎？"二肆许诺，乃邀立符契，署以保证，然后阅之。士女大和，会聚至数万。于是里胥告于贼曹，贼曹闻于京尹，四方之士，尽赴趋焉，巷无居人。自旦阅之，及亭午，历举轝舁威仪之具，西肆皆不胜，师有惭色。乃置层榻于南隅，有长髯者拥铎而进，翊卫数人。于是奋髯扬眉，扼腕顿颡而登，乃歌《白马》之词。恃其夙胜，顾盼左右，旁若无人。齐声赞扬之，自以为独步一时，不可得而屈也。有顷，东肆长于北隅上设连榻，有乌巾少年，左右五六人，秉翣而至，即生也。整衣服，俯仰甚徐，申喉发调，容若不胜。乃歌《薤露》

之章，举声清越，响振林木。曲度未终，闻者歔欷掩泣。西肆长为众所诮，益惭耻，密置所输之直于前，乃潜遁焉。四座愕眙，莫之测也。

　　先是天子方下诏，俾外方之牧，岁一至阙下，谓之入计。时也适遇生之父在京师，与同列者易服章窃往观焉。有老竖，即生乳母婿也，见生之举措辞气，将认之而未敢，乃泫然流涕。生父惊而诘之，因告曰："歌者之貌，酷似郎之亡子。"父曰："吾子以多财为盗所害，奚至是耶？"言讫亦泣。及归，竖间驰往访于同党曰："向歌者谁，若斯之妙欤？"皆曰："某氏之子。"征其名，且易之矣，竖凛然大惊。徐往，迫而察之。生见竖，色动回翔，将匿于众中。竖遂持其袂曰："岂非某乎？"相持而泣，遂载以归。至其室，父责曰："志行若此，污辱吾门。何施面目，复相见也？"乃徒行出，至曲江西杏园东，去其衣服，以马鞭鞭之数百。生不胜其苦而毙，父弃之而去。其师命相狎昵者阴随之，归告同党，共加伤叹。令二人赍苇席瘗焉。至则心下微温，举之良久，气稍通。因共荷而归，以苇筒灌勺饮，经宿乃活。月余，手足不能自举，其楚挞之处皆溃烂，秽甚。同辈患之，一夕弃于道周。行路咸伤之，往往投其余食，得以充肠。十旬，方杖策而起。被布裘，裘有百结，褴褛如悬鹑，持一破瓯，巡于闾里，以乞食为事。自秋徂冬，夜入于粪壤窟室，昼则周游廛肆。

　　一旦大雪，生为冻馁所驱。冒雪而出，乞食之声甚苦，闻见者莫不凄恻。时雪方甚，人家外户多不发。至安邑东门，循里垣北转第七八，有一门独启左扉，即娃之第也。生不知之，遂连声疾呼："饥冻之甚！"音响凄切，所不忍听。娃自阁中闻之，谓侍儿曰："此必生也。我辨其音矣。"连步而出，见生枯瘠疥疠，殆非人状。娃意感焉，乃谓曰："岂非某郎也？"生愤懑绝倒，口不能言，颔颐而已。娃前抱其颈，以绣襦拥而归于西厢。失声长恸曰："令子一朝及此，我之罪也。"绝而复苏。姥大骇，奔至，曰："何也？"娃曰："某郎。"姥遽曰："当逐之，奈何令至此。"娃敛容却睇曰："不然，此良家子也。当昔驱高车，持金装，至某之室，不逾期而荡尽。且互设诡计，舍而逐之，殆非人行。令其失志，不得齿于人伦。父子之道，天性也。使其情绝，杀而弃之，又困踬若此。天下之人，尽知为某也。生亲戚满朝，一旦当权者熟察其本末，祸将及矣。况欺天负人，鬼神不佑，无自贻其殃也。某为姥子，迨今有二十岁矣。计其赀，不啻直千金。今姥年六十余，愿计二十年衣食之用以赎身，当与此子别卜所诣。所诣非遥，晨昏得以温清，某愿足矣。"姥度其志不可夺，因许之。给姥之余，有百金。北隅四五家税一隙院。乃与生沐浴，易其衣服，为汤粥通其肠，次以酥乳润其脏。旬余，方荐水陆之馔。头巾履袜，皆取珍异者衣之。未数月，肌肤稍腴。卒岁，平愈如初。

异时，娃谓生曰："体已康矣，志已壮矣。渊思寂虑，默想曩昔之艺业，可温习乎？"生思之曰："十得二三耳。"娃命车出游，生骑而从。至旗亭南偏门鬻坟典之肆，令生拣而市之，计费百金，尽载以归。因令生斥弃百虑以志学，俾夜作昼，孜孜矻矻。娃常偶坐，宵分乃寐。伺其疲倦，即谕之缀诗赋。二岁而业大就，海内文籍，莫不披览。生谓娃曰："可策名试艺矣。"娃曰："未也，且令精熟，以俟百战。"更一年，曰："可行矣。"于是遂一上登甲科，声振礼闱。虽前辈见其文，罔不敛衽敬羡，愿友之而不可得。娃曰："未也。今秀士苟获擢一科第，则自谓可以取中朝之显职，擅天下之美名。子行秽迹鄙，不侔于他士。当砻淬利器，以求再捷。方可以连衡多士，争霸群英。"生由是益自勤苦，声价弥甚。其年遇大比，诏征四方之隽。生应直言极谏科，策名第一，授成都府参军。三事以降，皆其友也。

将之官，娃谓生曰："今之复子本躯，某不相负也。愿以残年归养老姥。君当结媛鼎族，以奉蒸尝。中外婚媾，无自黩也。勉思自爱，某从此去矣。"生泣曰："子若弃我，当自刭以就死。"娃固辞不从，生勤请弥恳。娃曰："送子涉江，至于剑门，当令我回。"生许诺。月余，至剑门。未及发而除书至，生父由常州诏入拜成都尹，兼剑南采访使。浃辰，父到。生因投刺谒于邮亭。父不敢认，见其祖父官讳，方大惊，命登阶抚背，恸哭移时，曰："吾与尔父子如初。"因诘其由，具陈其本末。大奇之，诘娃安在。曰："送某至此，当令复还。"父曰："不可。"翌日，命驾与生先之成都，留娃于剑门，筑别馆以处之。明日，命媒氏通二姓之好，备六礼以迎之，遂如秦晋之偶。

娃既备礼，岁时伏腊，妇道甚修，治家严整，极为亲所眷尚。后数岁，生父母偕殁，持孝甚至。有灵芝产于倚庐，一穗三秀，本道上闻。又有白燕数十，巢其层甍。天子异之，宠锡加等。终制，累迁清显之任。十年间，至数郡。娃封汧国夫人，有四子，皆为大官，其卑者犹为太原尹。弟兄姻媾皆甲门，内外隆盛，莫之与京。嗟乎，倡荡之姬，节行如是，虽古先烈女不能逾也，焉得不为之叹息哉！

予伯祖尝牧晋州，转户部，为水陆运使，三任皆与生为代，故谙详其事。贞元中，予与陇西公佐话妇人操烈之品格，因遂述汧国之事。公佐拊掌竦听，命予为传。乃握管濡翰，疏而存之。时乙亥岁秋八月，太原白行简云。

南柯太守传

李公佐

东平淳于棼，吴楚游侠之士。嗜酒使气，不守细行。累巨产，养豪客。曾以武艺补淮南军裨将，因使酒忤帅，斥逐落魄，纵诞饮酒为事。家住广陵郡东十里。所居宅南有大古槐一株，枝干修密，清阴数亩，淳于生日与群豪大饮其下。

贞元七年九月，因沉醉致疾。时二友人于坐扶生归家，卧于堂东庑之下。二友谓生曰："子其寝矣！余将秣马濯足，俟子小愈而去。"

生解巾就枕，昏然忽忽，仿佛若梦，见二紫衣使者，跪拜生曰："槐安国王遣小臣致命奉邀。"生不觉下榻整衣，随二使至门。见青油小车，驾以四牡，左右从者七八，扶生上车，出大户，指古槐穴而去。使者即驱入穴中。生意颇甚异之，不敢致问。忽见山川风候、草木道路，与人世甚殊。前行数十里，有郛郭城堞、车舆人物，不绝于路。生左右传车者传呼甚严，行者亦争辟于左右。又入大城，朱门重楼，楼上有金书，题曰"大槐安国"。执门者趋拜奔走。

旋有一骑传呼曰："王以驸马远降，令且息东华馆。"因前导而去。俄见一门洞开,生降车而入。彩槛雕楹,华木珍果,列植于庭下;几案茵褥,帘帏肴膳,陈设于庭上。生心甚自悦。复有呼曰:"右相且至。"降阶祗奉。有一人紫衣象简前趋,宾主之仪敬尽焉。右相曰:"寡君不以弊国远僻,奉迎君子,托以姻亲。"生曰:"某以贱劣之躯,岂敢是望!"右相因请生同诣其所。行可百步,入朱门。矛戟斧钺,布列左右,军吏数百,辟易道侧。生有平生酒徒周弁者,亦趋其中。生私心悦之,不敢前问。

右相引生升广殿,御卫严肃,若至尊之所。见一人长大端严,居王位,衣素练服,簪朱华冠。生战栗,不敢仰视。左右侍者令生拜。王曰:"前奉贤尊命,不弃小国,许令次女瑶芳奉事君子。"生但俯伏而已,不敢致词。王曰:"且就宾宇,续造仪式。"有旨:右相亦与生偕还馆舍。生思念之,意以为父在边将,因殁虏中,不知存亡;将谓父北蕃交逊,而致兹事。心甚迷惑,不知其由。

是夕,羔雁币帛,威容仪度,妓乐丝竹,肴膳灯烛,车骑礼物之用,无不咸备。有群女,或称华阳姑,或称青溪姑,或称上仙子,或称下仙子,若是者数辈,皆侍从数千,冠翠凤冠,衣金霞帔,彩碧金钿,目不可视。遨游戏乐,往来其门,争以淳于郎为戏弄。风态妖丽,言词巧艳,生莫能对。复有一女谓生曰:"昨上巳日,吾从灵芝夫人过禅智寺,于天竺院观右延舞《婆罗门》。吾与诸女坐北牖石榻上。时君少年,亦解骑来看。君独强来亲洽,言调笑谑。吾与穷英妹结绛巾,挂于竹枝上。君独不忆念之乎?又七月十六日,吾于孝感寺侍上真子,听契玄法师讲《观音经》。吾于讲下舍金凤钗两只,上真子含水犀合子一枚。时君亦在讲筵中,于师处请钗、合视之,赏叹再三,嗟异良久。顾余辈曰:'人之与物,皆非世间所有。'或问吾名,或访吾里,吾亦不答。情意恋恋,瞩盼不舍。君岂不思念之乎?"生曰:"中心藏之,何日忘之!"群女曰:"不意今日与君为眷属!"

复有三人,冠带甚伟,前拜生曰:"奉命为驸马相者。"中一人与生且故。生指曰:"子非冯翊田子华乎?"田曰:"然。"生前,执手叙旧久之。生谓曰:"子何以居此?"子华曰:"吾放游,获受知于右相武成侯段公,因以栖托。"生复问曰:"周弁在此,知之乎?"子华曰:"周生,贵人也。职为司隶,权势甚盛,吾数蒙庇护。"言笑甚欢。俄传声曰:"驸马可进矣。"三子取剑佩冕服,更衣之。子华曰:"不意今日获睹盛礼,无以相忘也。"有仙姬数十,奏诸异乐,婉转清亮,曲调凄悲,非人间之所闻听。有执烛引导者,亦数十。左右见金翠步障,彩碧玲珑,不断数里。生端坐车中,心意恍惚,甚不自安。田子华数言笑以解之。向者群女姑娣,各乘凤翼辇,亦往来其间。

至一门,号"修仪宫"。群仙姑娣亦纷然在侧,令生降车辇拜,揖让升降,一如人间。撤障去扇,见一女子,云号"金枝公主",年可十四五,俨若神仙。交欢之礼,颇亦明显。生自尔情义日洽,荣耀日盛。出入车服,游宴宾御,次于王者。

王命生与群寮备武卫,大猎于国西灵龟山。山阜峻秀,川泽广远,林树丰茂,飞禽走兽,无不蓄之。师徒大获,竟夕而还。

生因他日,启王曰:"臣顷结好之日,大王云奉臣父之命。

臣父顷佐边将，用兵失利，陷没胡中，尔来绝书信十七八岁矣。王既知所在，臣请一往拜观。"王遽谓曰："亲家翁职守北土，信问不绝。卿但具书状知闻，未用便去。"遂命妻致馈贺之礼，一以遣之。数夕还答。生验书本意，皆父平生之迹。书中忆念教诲，情意委曲，皆如昔年。复问生亲戚存亡，闾里兴废。复言道路乖远，风烟阻绝。词意悲苦，言语哀伤，又不令生来觐，云："岁在丁丑，当与女相见。"生捧书悲咽，情不自堪。

他日，妻谓生曰："子岂不思为政乎？"生曰："我放荡不习政事。"妻曰："卿但为之，余当奉赞。"妻遂白于王。累日，谓生曰："吾南柯政事不理，太守黜废，欲借卿才，可曲屈之。便与小女同行。"生敦授教命。王遂敕有司备太守行李。因出金玉、锦绣、箱奁、仆妾、车马，列于广衢，以饯公主之行。

生少游侠，曾不敢有望，至是甚悦。因上表曰："臣将门余子，素无艺术，猥当大任，必败朝章。自悲负乘，坐致覆餗。今欲广求贤哲，以赞不逮。伏见司隶颍川周弁，忠亮刚直，守法不回，有毗佐之器。处士冯翊田子华，清慎通变，达政化之源。二人与臣有十年之旧，备知才用，可托政事。周请署南柯司宪，田请署司农。庶使臣政绩有闻，宪章不紊也。"王并依表以遣之。

其夕，王与夫人饯于国南。王谓生曰："南柯，国之大都，土地丰壤，人物豪盛，非惠政不能以治之。况有周、田二赞。卿其勉之，以副国念。"夫人戒公主曰："淳于郎性刚好酒，加之少年。为妇之道，贵乎柔顺。尔善事之，吾无忧矣。南柯虽封境不遥，晨昏有间，今日睽别，宁不沾巾！"生与妻拜首南去，登车拥骑，言笑甚欢。累夕达郡。

郡有官吏、僧道、耆老、音乐、车辇、武卫、銮铃，争来迎奉。人物阗咽，钟鼓喧哗，不绝十数里。见雉堞台观，佳气郁郁。入大城门，门亦有大榜，题以金字，曰"南柯郡城"。见朱轩棨户，森然深邃。生下车省风俗，疗病苦，政事委以周、田，郡中大理。自守郡二十载，风化广被，百姓歌谣，建功德碑，立生祠宇。王甚重之，赐食邑，锡爵位，居台辅。周、田皆以政治著闻，递迁大位。生有五男二女：男以门荫授官，女亦聘于王族。荣耀显赫，一时之盛，代莫比之。

是岁，有檀萝国者，来伐是郡。王命生练将训师以征之。乃表周弁将兵三万，以拒贼之众于瑶台城。弁刚勇轻敌，师徒败绩。弁单骑裸身潜遁，夜归城。贼亦收辎重铠甲而还。生因囚弁以请罪。王并舍之。是月，司宪周弁疽发背，卒。生妻公主遘疾，旬日又薨。生因请罢郡，护丧赴国。王许之。便以司农田子华行南柯太守事。生哀恸发引，威仪在途，男女叫号，人吏奠馔，攀辕遮道者不可胜数。遂达于国。王与夫人素衣哭于郊，候灵舆之至。谥公主曰"顺仪公主"。备仪仗、羽葆、鼓吹，葬于国东十里盘龙岗。是月，故司宪子荣信，亦护丧赴国。

生久镇外藩，结好中国，贵门豪族，靡不是洽。自罢郡还国，出入无恒，交游宾从，威福日盛。王意疑惮之。时有国人上表云："玄象谪见，国有大恐。都邑迁徙，宗庙崩坏。衅起他族，事在萧墙。"时议以生侈僭之应也。遂夺生侍卫，禁生游从，处之私第。

生自恃守郡多年，曾无败政，流言怨悖，郁郁不乐。王亦知之，因命生曰："姻亲二十余年，不幸小女夭枉，不得与君子偕老，良用痛伤！"夫人因留孙自鞠育之。又谓生曰："卿离家多时，可暂归本里，一见亲族。诸孙留此，无以为念。后三年，当令迎生。"生曰："此乃家矣，何更归焉？"王笑曰："卿本人间，家非在此。"生忽若惛睡，瞢然久之，方乃发悟前事，遂流涕请还。王顾左右以送生，生再拜而去，复见前二紫衣使者从焉。至大户外，见所乘车甚劣，左右亲使御仆，遂无一人，心甚叹异。生上车，行可数里，复出大城，宛是昔年东来之途，山川原野，依然如旧。所送二使者，甚无威势，生逾怏怏。生问使者曰："广陵郡何时可到？"二使讴歌自若，久乃答曰："少顷即至。"俄出一穴，见本里闾巷，不改往日，潸然自悲，不觉流涕。

二使者引生下车，入其门，升其阶，已身卧于堂东庑之下。生甚惊畏，不敢前近。二使因大呼生之姓名数声，生遂发寤如初。见家之僮仆拥篲于庭，二客濯足于榻，斜日未隐于西垣，余樽尚湛于东牖。梦中倏忽，若度一世矣。

生感念嗟叹，遂呼二客而语之。惊骇，因与生出外，寻槐下穴。生指曰："此即梦中所惊入处。"二客将谓狐狸木媚之所为祟。遂命仆荷斤斧，断拥肿，折查杌，寻穴究源。旁可袤丈，有大穴，根洞然明朗，可容一榻。上有积土壤以为城郭台殿之状。有蚁数斛，隐聚其中，中有小台，其色若丹，二大蚁处之，素翼朱首，长可三寸。左右大蚁数十辅之，诸蚁不敢近。此其王矣。即槐安国都也。又穷一穴，直上南枝可四丈，宛转方中，亦有土城小楼，蚁群亦处其中，即生所领南柯郡也。又一穴，西去二丈，磅礴空圬，嵌窞异状。中有一腐龟，壳大如斗。积雨浸润，小草丛生，繁茂翳荟，掩映振壳，即生所猎灵龟山也。又穷一穴，东去丈余，古根盘屈，若龙虺之状。中有小土壤，高尺余，即生所葬妻盘龙冈之墓也。追想前事，感叹于怀，披阅穷迹，皆符所梦。不欲二客坏之，遽令掩塞如日。是夕，风雨暴发。且视其穴，遂失群蚁，莫知所去。故先言"国有大恐，都邑迁徙"，此其验矣。复念檀萝征伐之事，又请二客访迹于外。宅东一里有古涸涧，侧有大檀树一株，藤萝拥积，上不见日。旁有小穴，亦有群蚁隐聚其间。檀萝之国，岂非此耶？嗟乎！蚁之灵异，犹不可穷，况山藏木伏之大者所变化乎？

时生酒徒周弁、田子华并居六合县，不与生过从旬日矣。生遽遣家僮疾往候之。周生暴疾已逝，田子华亦寝疾于床。生感南柯之浮虚，悟人世之倏忽，遂栖心道门，绝弃酒色。后三年，岁在丁丑，亦终于家。时年四十七，将符宿契之限矣。

公佐贞元十八年秋八月，自吴之洛，暂泊淮浦，偶觌淳于生生棼，询访遗迹，翻复再三，事皆摭实，辄编录成传，以资好事。虽稽神语怪，事涉非经，而窃位著生，冀将为戒。后之君子，幸以南柯为偶然，无以名位骄于天壤间云。

前华州参军李肇赞曰：

贵极禄位，权倾国都；达人视此，蚁聚何殊！

虬髯客传

杜光庭

隋炀帝之幸江都也，命司空杨素守西京。素骄贵，又以时乱，天下之权重望崇者，莫我若也，奢贵自奉，礼异人臣。每公卿入言，宾客上谒，未尝不踞床而见，令美人捧出，侍婢罗列，颇僭于上。末年愈甚，无复知所负荷、有扶危持颠之心。

一日，卫公李靖以布衣上谒，献奇策，素亦踞见之。靖前揖曰："天下方乱，英雄竞起。公为帝室重臣，须以收罗豪杰为心，不宜踞见宾客。"素敛容而起，谢公，与语，大悦，收其策而退。

当靖之骋辩也，一妓有殊色，执红拂，立于前，独目靖。靖既去，而拂妓临轩指吏问曰："去者处士第几？住何处？"吏具以对，妓颔而去。靖归逆旅。其夜五更初，忽闻叩门而声低者。靖起问焉。乃紫衣戴帽人，杖揭一囊。靖问谁？曰："妾，杨家之红拂妓也。"靖遽延入，脱衣去帽，乃十八九佳丽人也，素面华衣而拜。靖惊答。曰："妾侍杨司空久，阅天下之人多矣，无如公者。丝萝非独生，愿托乔木，故来奔耳。"靖曰："杨司空权重京师，如何？"曰："彼尸居余气，不足畏也。诸妓知其无成，去者众矣。彼亦不甚逐也。计之详矣。幸无疑焉。"问其姓。曰："张。"问其伯仲之次。曰："最长。"观其肌肤仪状、言词、气性,真天人也。靖不自意获之,益喜惧,瞬息万虑不安,而窥户者足无停屦。

既数日,闻追访之声,意亦非峻。乃雄服乘马,排闼而去,将归太原。行次灵石旅舍,既设床,炉中烹肉且熟。张氏以发长委地,立梳床前。靖方刷马,忽有一人,中形,赤髯而虬,乘蹇驴而来,投革囊于炉前,取枕欹卧,看张氏梳头。靖怒甚,未决,犹刷马。张氏熟视其面,一手握发,一手映身摇示,令勿怒。急急梳头毕,敛衽问其姓。卧客答曰:"姓张。"对曰:"妾亦姓张,合是妹。"遽拜之。问第几。曰:"第三。"问妹第几。曰:"最长。"遂喜曰:"今夕多幸,逢一妹。"张氏遥呼:"李郎且来见三兄!"靖骤拜,遂环坐。曰:"煮者何肉?"曰:"羊肉,计已熟矣。"客曰:"饥甚。"靖出市买胡饼。客抽匕首切肉共食。食竟,余肉乱切送驴前食之,甚速。客曰:"观李郎之行,贫士也。何以致斯异人?"曰:"靖虽贫,亦有心者焉。他人见问固不言,兄之问,则不隐耳。"具言其由。曰:"然则何之?"曰:"将避地太原耳。"客曰:"然吾故非君所致也。"曰:"有酒乎?"靖曰:"主人西则酒肆也。"靖取酒一斗。酒既巡,客曰:"吾有少下酒物,李郎能同之乎?"靖曰:"不敢。"于是开革囊,取一人头并心肝。却收头囊中,以匕首切心肝共食之。曰:"此人乃天下负心者心也,衔之十年,今始获。吾憾释矣。"又曰:"观李郎仪形器宇,真丈夫。亦知太原之异人乎?"曰:"尝识一人,愚谓之真人。其余将相而已。""其人何姓?"曰:"同姓。"曰:"年几?"曰:"近二十。""今何为?"曰:"州将之爱子也。曰:"似矣。亦须见之。李郎能致吾一见否？"曰："靖之友刘文静者，与之狎。因文静见之可也。兄欲何为？"曰："望气者言太原有奇气，使吾访之。李郎明发，何时到太原？"靖计之，某日当到。曰："达之明日方曙，我于汾阳桥待耳。"讫，乘驴而去，其行若飞，回顾已远。靖与张氏且惊惧久之，曰："烈士不欺人，固无畏。"但速鞭而行。

及期，入太原。候之，相见大喜，偕诣刘氏。诈谓文静曰："以善相者思见郎君，请迎之。"文静素奇其人，方议论匡辅，一旦闻客有知人者，其心可知，遽致酒延焉。既而太宗至，不衫不履，裼裘而来，神气扬扬，貌与常异。虬髯默居坐末，见之心死。饮数巡，起招靖曰："真天子也！"靖以告刘，刘益喜自负。既出，而虬髯曰："吾见之十八九定矣，亦须道兄见之。李郎宜与一妹复入京。某日午时，访我于马行东酒楼。下有此驴及一瘦骡，即我与道兄俱在其所矣。"公到，即见二乘。揽衣登楼，即虬髯与一道士方对饮。见靖惊喜，召坐，环饮十数巡，曰："楼下柜中有钱十万。择一深隐处驻一妹毕。某日复会我于汾阳桥。"如期至，道士、虬髯已到矣。共谒文静。时方弈棋，揖起而语心焉。文静飞书迎文皇看棋。道士对弈，虬髯与靖旁立为侍者。俄而文皇来，长揖而坐。神清气朗，满坐风生，顾盼暐如也。道士一见惨然，下棋子曰："此局输矣，输矣！于此失却局，奇哉！救无路矣！知复奚言！"罢弈，请去。既出，谓虬髯曰："此世界，非公世界也。他方可图，勉之，勿以为念。"因共入京。虬髯曰："计李郎之程，某日方到。到之明日，可与一妹同诣某坊曲小宅。愧李郎往复相从，一妹悬然如磬，欲令新妇袛谒，略议从容，无令前却。"言毕，吁嗟而去。

靖亦策马遄归。俄而到京，与张氏同往。乃一小板门，扣之，有应者，拜曰："三郎令候一娘子、李郎久矣。"延入重门，门益壮丽。婢奴三十余人，罗列于前。奴二十人，引靖入东厅。厅之陈设，穷极珍异，巾箱、妆奁、冠镜、首饰之盛，非人间之物。巾妆梳栉毕，请更衣。衣又珍异。既毕，传云："三郎来！"乃虬髯者，纱帽裼裘，有龙虎之姿。相见欢然。催其妻出拜，盖天人也。遂延中堂，陈设盘筵之盛，虽王公家不侔也。四人对坐，牢馔毕陈，女乐二十人，列奏于前，似从天降，非人间之曲。度食毕，行酒。而家人自西堂舁出二十床，各以锦绣帕覆之，既呈，尽去其帕，乃文簿钥匙耳。虬髯谓曰："尽是珍宝货泉之数。吾之所有，悉以充赠。何者？某本欲于此世界求事，或当龙战三二年，建少功业。今既有主，住亦何为？太原李氏真英主也。三五年内，即当太平。李郎以英特之才，辅清平之主，竭心尽善，必极人臣。一妹以天人之姿，蕴不世之略，从夫之贵，荣极轩裳。非一妹不能识李郎，非李郎不能遇一妹。圣贤起陆之渐，际会如期，虎啸风生，龙腾云萃，固当然也。将余之赠，以奉真主，赞功业，勉之哉！此后十余年，东南数千里外有异事，是吾得志之秋也。妹与李郎可沥酒相贺。"顾谓左右曰："李郎、一妹，是汝主也。"言毕，与其妻戎装乘马，一奴乘马从后，数步不见。

靖据其宅，遂为豪家，得以助文皇缔构之资，遂匡大业。贞观中，靖位至仆射。东南蛮奏曰："有海贼以千艘、积甲十万，入扶余国,杀其主自立。国内已定。"靖知虬髯成功也。归告张氏,具礼相贺,沥酒东南,祝拜之。乃知真人之兴,非英雄所冀。况非英雄者乎?人臣之谬思乱,乃螳螂之拒走轮耳。或曰:"卫公之兵法,半是虬髯所传也。"

李师师传
无名氏

　　李师师者，汴京东二厢永庆坊染局匠王寅之女也。寅妻既产女而卒，寅以菽浆代乳乳之，得不死，在襁褓未尝啼。汴俗：凡男女生，父母爱之，必为舍身佛寺。寅怜其女，乃为舍身宝光寺。女时方知孩笑，一老僧目之曰："此何地，尔乃来耶？"女至是忽啼。僧为摩其顶，啼乃止。寅窃喜，曰："是女真佛弟子。"为佛弟子者，俗呼为师，故名之曰"师师"。师师方四岁，寅犯罪系狱死。师师无所归，有娼籍李姥者收养之。比长，色艺绝伦，遂名冠诸坊曲。

　　徽宗帝即位，好事奢华，而蔡京、章惇、王黼之徒，遂假绍述为名，劝帝复行青苗诸法。长安中粉饰为饶乐气象，市肆酒税，日计万缗；金玉缯帛，充溢府库。于是童贯、朱勔辈复导以声色狗马、宫室园囿之乐。凡海内奇花异石，搜采殆遍。筑离宫于汴城之北，名曰艮岳。帝般乐其中，久而厌之。更思微行，为狎邪游。内押班张迪者，帝所亲幸之寺人也。未宫时为长安狎客，往来诸坊曲，故与李姥善。为帝言陇西氏色艺双绝，帝艳心焉。

　　翌日，命迪出内府紫茸二匹，霞氎二端，瑟瑟珠二颗，白金廿镒，诡云"大贾赵乙愿过庐一顾"。姥利金币，喜诺。暮夜，帝易服杂内侍四十余人中,出东华门二里许,至镇安坊。镇安坊者,李姥所居之里也。帝麾止余人,独与迪翔步而入。堂户卑庳,姥出迎,分庭抗礼,慰问周至。进以时果数种,中有香雪藕、水晶苹婆,而鲜枣大如卵,皆大官所未供者。帝为各尝一枚。姥复款洽良久,独未见师师出拜。帝延伫以待。时迪已辞退,姥乃引帝至一小轩。棐几临窗,缥缃数帙,窗外新篁,参差弄影。帝翛然兀坐,意兴闲适,独未见师师出侍。少顷,姥引帝到后堂。陈列鹿炙、鸡酢、鱼鲙、羊签等肴,饭以香子稻米,帝为进一餐。姥侍旁,款语移时,而师师终未出见。帝方疑异,而姥忽复请浴,帝辞之。姥至帝前耳语曰:"儿性好洁,勿忤。"帝不得已,随姥至一小楼下湢室中。浴竟,姥复引帝坐后堂,肴核水陆,杯盏新洁,劝帝欢饮,而师师终未一见。良久,姥才执烛引帝至房,帝搴帷而入。一灯荧然,亦绝无师师在,帝益异之,为徒倚几榻间。又良久,见姥拥一姬姗姗而来,淡妆不施脂粉,衣绢素,无艳服。新浴方罢,娇艳如出水芙蓉。见帝,意似不屑,貌殊倨,不为礼。姥与帝耳语曰:"儿性颇愎,勿怪。"帝于灯下凝睐物色之,幽姿逸韵,闪烁惊眸。问其年不答,复强之,乃迁坐于他所。姥复附帝耳曰:"儿性好静坐,唐突勿罪。"遂为下帷而出。师师乃起,解玄绢褐袄,衣轻绡,卷右袂,援壁间琴,隐几端坐而鼓《平沙落雁》之曲。轻拢漫然,流韵淡远。帝不觉为之倾耳,遂忘倦。比曲三终,鸡唱矣。帝亟披帷出。姥闻亦起,为进杏酥饮、枣糕、馎饦诸点品。帝饮杏酥杯许,旋起去。内侍从行者皆潜候于外,即拥卫还宫。时大观三年八月十七日事也。

姥私语师师曰："赵人礼意不薄，汝何落落乃尔。"师师怒曰："彼贾奴耳，我何为者？"姥笑曰："儿强项，可令御史里行也。"而长安人言籍籍，皆知驾幸陇西氏。姥闻大恐，日夕惟啼泣。泣语师师曰："洵是，夷吾族矣。"师师曰："无恐。上肯顾我，岂忍杀我？且畴昔之夜，幸不见逼，上意必怜我。惟是我所窃自悼者，实命不犹，流落下贱，使不洁之名，上累至尊，此则死有余辜耳。若夫天威震怒，横被诛戮，事起佚游，上所深讳，必不至此，可无虑也。"

次年正月，帝遣迪赐师师蛇跗琴。蛇跗琴者，琴古而漆黯，则有纹如蛇之跗，盖大内珍藏宝器也。又赐白金五十两。三月，帝复微行如陇西氏。师师仍淡妆素服，俯伏门阶迎驾。帝喜，为执其手令起。帝见其堂户勿华敞，前所御处，皆以蟠龙锦绣覆其上。又小轩改造杰阁、画栋、朱栏，都无幽趣。而李姥见帝至，亦匿避。宣至，则体颤不能起，无复向时调寒送暖情态，帝意不悦，为霁颜，以"老娘"呼之，谕以"一家子，无拘畏"。姥拜谢，乃引帝至大楼。楼初成，师师伏地叩帝赐额。时楼前杏花盛放，帝为书"醉杏楼"三字赐之。少顷置酒，师师侍侧，姥匍匐传樽为帝寿。帝赐师师隅坐，命鼓所赐蛇跗琴，为弄《梅花三弄》。帝衔杯饮听，称善者再。然帝见所供肴馔、器皿皆龙凤形，或镂或绘，悉如宫中式。因问之，知出自尚食房厨夫手，姥出金钱倩制者。帝亦不怿，谕姥今后悉如前，无矜张显著。遂不终席，驾返。帝尝御画院，出诗句试诸画工，中式者岁间得一二。是年九月，以"金勒马嘶芳草地，玉楼人醉杏花天"名画一幅赐陇西氏。又赐藕丝灯、暖雪灯、芳苡灯、大凤衔珠灯各十盏，鸬鹚杯、琥珀杯、琉璃盏、镂金偏提各十事，月团、凤团、蒙顶等茶百斤，馎饦、寒具、银餤饼数盒。又赐黄白金各千两。时宫中已盛传其事。郑后闻而谏曰："妓流下贱，不宜上接圣躬。且暮夜微行，亦恐事生叵测。愿陛下自爱！"帝颔之。阅岁者再，不复出。然通问赏赐，未尝绝也。

宣和二年，帝复幸陇西氏。见悬所赐画于醉杏楼，观玩久之。忽回顾见师师，戏语曰："画中人乃呼之竟出耶？"即日，赐师师辟寒金钿、映月珠环、舞郁青镜、金虬香鼎。次日，又赐师师端溪凤咮砚、李廷珪墨、玉管宣毫笔、剡溪绫纹纸。又赐李姥钱百千缗。迪私言于上曰："帝幸陇西，必易服夜行，故不能常继。今艮岳离宫东偏有官地，袤延二三里，直接镇安坊。若于此处为潜道，帝驾往还殊便。"帝曰："汝图之。"于是迪等疏言："离宫宿卫人向多露处，臣等愿出赀若干，于官地营室数百楹，广筑围墙，以便宿卫。"帝可其奏。于是羽林巡军等，布列至镇安坊止，而行人为之屏迹矣。四年三月，帝始从潜道幸陇西，赐藏阄、双陆等具。又赐片玉棋盘、碧白二色玉棋子、画院宫扇、九折五花之簟、鳞文蘮叶之席、湘竹绮帘、五采珊瑚钩。是日，帝与师师双陆不胜，围棋又不胜，赐白金二千两。嗣后师师生辰，又赐珠钿、金条脱各二事，玑琲一箧，毳锦数端，鹭毛缯、翠羽缎百匹，白金千两。后又以灭辽庆贺，大赉州郡，加恩宫府，乃赐师师紫绡绢幕、五彩流苏、冰蚕神锦被、却尘锦褥、麸金千两。良酝则有桂露、流霞、香蜜等名。又赐李姥大府钱万缗。计前后赐金银钱、缯帛、器用、食物等不下十万。帝尝于宫中集宫眷等宴坐，韦妃私问曰："何物李家儿，陛下悦之如此？"帝曰："无他，但令尔等百人改艳妆，服玄素，令此娃杂处其中，迥然自别。其一种幽姿逸韵，要在色容之外耳。"

无何，帝禅位，自号为"道君教主"，退处太乙宫，佚游之兴，于是衰矣。师师语姥曰："吾母子嘻嘻，不知祸之将及。"姥曰："然则奈何？"师师曰："汝第勿与知，唯我所欲。"时金人方启衅，河北告急，师师乃集前后所赐金钱，呈牒开封尹，愿入官助河北饷。复赂迪等代请于上皇，愿弃家为女冠。上皇许之，赐北郭慈云观居之。未几，金人破汴，主帅达懒索师师，云："金主知其名，必欲生得之。"乃索之，累日不得。张邦昌等为踪迹之，以献金营。师师骂曰："吾以贱妓，蒙皇帝眷，宁一死无他志。若辈高爵厚禄，朝廷何负于汝，乃事事为斩灭宗社计？今又北面事丑虏，冀得一当为呈身之地，吾岂作若辈羔雁贽耶？"乃脱金簪自刺其喉，不死；折而吞之，乃死。道君帝在五国城，知师师死状，犹不自禁其涕泣之汍澜也。

论曰：李师师以娼妓下流，猥蒙异数，所谓处非其据矣。然观其晚节，烈烈有侠士风，不可谓非庸中佼佼者也。道君奢侈无度，卒召北辕之祸，宜哉。

聊斋志异·黄英
蒲松龄

马子才，顺天人。世好菊，至才尤甚，闻有佳种必购之，千里不惮。

一日，有金陵客寓其家，自言其中表亲有一二种，为北方所无。马欣动，即刻治装，从客至金陵。客多方为之营求，得两芽，裹藏如宝。归至中途，遇一少年，跨蹇从油碧车，丰姿洒落。渐近与语，少年自言陶姓，谈言骚雅。因问马所自来，实告之。少年曰："种无不佳，培溉在人。"因与论艺菊之法。马大悦，问："将何往？"答云："姊厌金陵，欲卜居于河朔耳。"马欣然曰："仆虽固贫，茅庐可以寄榻。不嫌荒陋，无烦他适。"陶趋车前，向姊咨禀，车中人推帘语，乃二十余绝世美人也。顾弟言："屋不厌卑，而院宜得广。"马代诺之，遂与俱归。第南有荒圃，仅小室三四椽，陶喜居之。日过北院，为马治菊。菊已枯，拔根再植之，无不活。然家清贫，陶日与马共饮食，而察其家似不举火。马妻吕亦爱陶姊，不时以升斗馈恤之。陶姊小字黄英，雅善谈，辄过吕所，与共纫绩。

陶一日谓马曰："君家固不丰，仆日以口腹累知交，胡可为常？为今计，卖菊亦足谋生。"马素介，闻陶言，甚鄙之，曰："仆以君风流雅士,当能安贫。今作是论,则以东篱为市井,有辱黄花矣。"陶笑曰:"自食其力不为贪,贩花为业不为俗。人固不可苟求富,然亦不必务求贫也。"马不语,陶起而出。自是马所弃残枝劣种,陶悉掇拾而去。由此不复就马寝食,招之始一至。未几菊开,闻其门嚣喧如市。怪之,过而窥焉。见市人买花者,车载肩负,道相属也。其花皆异种,目所未睹。心厌其贪,欲与绝。而又恨其私秘佳木,遂款其扉,将就消让。陶出,握手曳入。见荒庭半亩皆菊畦,数椽之外无旷土。圃去者,则折别枝插补之;其蓓蕾在畦者,罔不佳妙。而细认之,皆向所拔弃也。陶入室,出酒馔,设席畦侧,曰:"仆贫不能守清戒,连朝幸得微资,颇足供醉。"少间,房中呼"三郎",陶诺而去。俄献佳肴,烹饪良精。因问:"贵姊胡以不字?"答云:"时未至。"问:"何时?"曰:"四十三月。"又诘何说,但笑不言。尽欢始散。过宿又诣之,新插者已盈尺矣。大奇之,苦求其术。陶曰:"此非可言传。且君不以谋生,焉用此?"又数日,门庭略寂,陶乃以蒲席包菊,捆载数车而去。逾岁春将半,始载南中异卉而归,于都中设花肆,十日尽售,复归艺菊。问之去年买花者,留其根,次年尽变而劣,乃复购于陶。

陶由此日富,一年增舍,二年起厦屋,兴作从心,更不谋诸主人。渐而旧日花畦,尽为廊舍。更买田一区,筑墉四周,悉种菊。至秋载花去,春尽不归。而马妻病卒,意属黄英,微使人风示之。黄英微笑,意似允许,惟专候陶归而已。年余,陶竟不至。黄英课仆种菊,一如陶。得金,益合商贾,村外治膏田二十顷,甲第益壮。忽有客自东粤来,寄陶函信,发之,则嘱姊归马。考其寄书之日,即妻死之日;回忆园中之饮,适四十三月也,大奇之。以书示英,请问致聘何所。英辞不受采。又以故陋,欲使就南第居,若赘焉。马不可,择日行亲迎礼。

黄英既适马,于间壁开扉,通南第,日过课其仆。马耻以妻富,恒嘱黄英作南北籍,以防淆乱。而家所需,黄英辄取诸南第。不半岁,家中触类皆陶家物。马遣人一一赍还之,戒勿复取。未浃旬,又杂之。凡数更,马不胜烦。黄英笑曰:"陈仲子毋乃劳乎!"马惭,不复稽,一切听诸黄英。鸠工庀料,土木大作,马不能禁。经数月,楼舍连亘,两第竟合为一,不分疆界矣。然遵马教,闭门不复业菊,而享用过于世家。马不自安,曰:"仆三十年清德,为卿所累。今视息人间,徒依裾带而食,真无一毫丈夫气矣!人皆祝富,我但祝穷耳。"黄英曰:"妾非贪鄙,但不少致丰盈,遂令千载下人,谓渊明贫贱骨,百世不能发迹,故聊为我家彭泽解嘲耳。然贫者愿富为难,富者求贫固亦甚易。床头金任君挥去之,妾不靳也。"马曰:"捐他人之金,抑亦良丑。"英曰:"君不愿富,妾亦不能贫也。无已,析君居,清者自清,浊者自浊,何害?"乃于园中筑茅茨,择美婢往侍马。马安之。然过数日,苦念黄英。招之不肯至,不得已,反就之,隔宿辄至以为常。黄英笑曰:"东食西宿,廉者当不如是。"马亦自笑无以对,遂复合居如初。

会马以事客金陵,适逢菊秋,早过花肆,见肆中盆列甚烦,款朵佳胜,心动,疑类陶制。少间主人出,果陶也。喜极,具道契阔,遂止宿。马要之归,陶曰:"金陵吾故土,将昏于是,积有薄赀，烦寄吾姊，我岁杪当暂去。"马不听，请之益苦。且曰："家幸充盈，但可坐享，无须复贾。"坐肆中，使仆代论价，廉其直，数日尽售，逼促囊装，赁舟遂北。入门则姊已除舍，床榻裯褥皆设，若预知弟之归者。

陶自归，解装课役，大修亭园，惟日与马共棋酒，更不复结一客。为之择婚，辞不愿。姊遣二婢侍其寝处，居三四年，生一女。陶饮素豪，从不见其沉醉。有友人曾生，量亦无对。适过马，马使与陶相较饮。二人纵饮甚欢，相得恨晚。自辰以迄四漏，计各尽百壶。烂醉如泥，沉睡座间。陶起归寝，出门践菊畦，玉山倾倒，委衣于侧，即地化为菊，高如人，花十余朵，皆大如拳。马骇绝，告黄英。英急往，拔置地上，曰："胡醉至此！"覆以衣，要马俱去，戒勿视。既明而往，则陶卧畦边。马乃悟姊弟皆菊精也，益敬爱之。而陶自露迹，饮益放，恒自折柬招曾，因与莫逆。值花朝，曾来造访，以两仆舁药浸白酒一坛，约与共尽。坛将竭，二人犹未甚醉。马潜以一瓶续入之，二人又尽之。曾醉已惫，诸仆负之以去。陶卧地又化为菊，马见惯不惊，如法拔之，守其旁以观其变。久之，叶益憔悴。大惧，始告黄英，闻骇曰："杀吾弟矣！"奔视之，根株已枯，痛绝，掐其梗埋盆中，携入闺中，日灌溉之。马悔恨欲绝，甚怨曾。越数日，闻曾已醉死矣。

盆中花渐萌，九月既开，短干粉朵，嗅之有酒香，名之"醉陶"，浇以酒则茂。后女长成，嫁于世家。黄英终老，亦无他异。

第四编

鲁迅小说两篇

狂人日记

某君昆仲,今隐其名,皆余昔日在中学时良友;分隔多年,消息渐阙。日前偶闻其一大病;适归故乡,迂道往访,则仅晤一人,言病者其弟也。劳君远道来视,然已早愈,赴某地候补矣。因大笑,出示日记二册,谓可见当日病状,不妨献诸旧友。持归阅一过,知所患盖"迫害狂"之类。语颇错杂无伦次,又多荒唐之言;亦不著月日,惟墨色字体不一,知非一时所书。间亦有略具联络者,今撮录一篇,以供医家研究。记中语误,一字不易;惟人名虽皆村人,不为世间所知,无关大体,然亦悉易去。至于书名,则本人愈后所题,不复改也。七年四月二日识。

一

今天晚上,很好的月光。

我不见他,已是三十多年;今天见了,精神分外爽一快。才知道以前的三十多年,全是发昏;然而须十分小心。不然,那赵家的狗,何以看我两眼呢?

我怕得有理。

二

今天全没月光，我知道不妙。早上小心出门，赵贵翁的眼色便怪：似乎怕我，似乎想害我。还有七八个人，交头接耳的议论我。又怕我看见。一路上的人，都是如此。其中最凶的一个人，张着嘴，对我笑了一笑；我便从头直冷到脚跟，晓得他们布置，都已妥当了。

我可不怕，仍旧走我的路。前面一伙小孩子，也在那里议论我；眼色也同赵贵翁一样，脸色也铁青。我想我同小孩子有什么仇，他也这样？忍不住大声说，"你告诉我！"他们可就跑了。

我想：我同赵贵翁有什么仇，同路上的人又有什么仇；只有廿年以前，把古久先生的陈年流水簿子，踹了一脚，古久先生很不高兴。赵贵翁虽然不认识他，一定也听到风声，代抱不平；约定路上的人，同我作冤对。但是小孩子呢？那时候，他们还没有出世，何以今天也睁着怪眼睛，似乎怕我，似乎想害我。这真教我怕，教我纳罕而且伤心。

我明白了。这是他们娘老子教的！

三

晚上总是睡不着。凡事须得研究，才会明白。

他们——也有给知县打枷过的，也有给绅士掌过嘴的，也有衙役占了他妻子的，也有娘老子被债主逼死的；他们那时候的脸色，全没有昨天这么怕，也没有这么凶。

最奇怪的是昨天街上的那个女人，打他儿子，嘴里说道，"老子呀！我要咬你几口才出气！"他眼睛却看着我。我出了一惊,遮掩不住;那青面獠牙的一伙人,便都哄笑起来。陈老五赶上前,硬把我拖回家中了。

拖我回家,家里的人都装作不认识我;他们的脸色,也全同别人一样。进了书房,便反扣上门,宛然是关了一只鸡鸭。这一件事,越教我猜不出底细。

前几天,狼子村的佃户来告荒,对我大哥说,他们村里的一个大恶人,给大家打死了;几个人便挖出他的心肝来,用油煎炒了吃,可以壮壮胆子。我插了一句嘴,佃户和大哥便都看我几眼。今天才晓得他们的眼光,全同外面的那伙人一模一样。

想起来,我从顶上直冷到脚跟。

他们会吃人,就未必不会吃我。

你看那女人"咬你几口"的话,和一伙青面獠牙人的笑,和前天佃户的话,明明是暗号。我看出他话中全是毒,笑中全是刀。他们的牙齿,全是白厉厉的排着,这就是吃人的家伙。

照我自己想,虽然不是恶人,自从踹了古家的簿子,可就难说了。他们似乎别有心思,我全猜不出。况且他们一翻脸,便说人是恶人。我还记得大哥教我做论,无论怎样好人,翻他几句,他便打上几个圈;原谅坏人几句,他便说:"翻天妙手,与众不同。"我那里猜得到他们的心思,究竟怎样;况且是要吃的时候。

凡事总须研究,才会明白。古来时常吃人,我也还记得,可是不甚清楚。我翻开历史一查,这历史没有年代,歪歪斜斜的每叶上都写着"仁义道德"几个字。我横竖睡不着,仔细看了半夜,才从字缝里看出字来,满本都写着两个字是"吃人"!

书上写着这许多字,佃户说了这许多话,却都笑吟吟的睁着怪眼看我。

我也是人,他们想要吃我了!

四

早上,我静坐了一会儿。陈老五送进饭来,一碗菜,一碗蒸鱼;这鱼的眼睛,白而且硬,张着嘴,同那一伙想吃人的人一样。吃了几筷,滑一溜溜的不知是鱼是人,便把他兜肚连肠的吐出。

我说"老五,对大哥说,我闷得慌,想到园里走走。"老五不答应,走了,停一会,可就来开了门。

我也不动,研究他们如何摆布我;知道他们一定不肯放松。果然!我大哥引了一个老头子,慢慢走来;他满眼凶光,怕我看出,只是低头向着地,从眼镜横边暗暗看我。大哥说,"今天你仿佛很好。"我说"是的。"大哥说,"今天请何先生来,给你诊一诊。"我说"可以!"其实我岂不知道这老头子是刽子手扮的!无非借了看脉这名目,揣一揣肥瘠:因这功劳,也分一片肉吃。我也不怕;虽然不吃人,胆子却比他们还壮。伸出两个拳头,看他如何下手。老头子坐着,闭了眼睛,摸了好一会,呆了好一会,便张开他鬼眼睛说,"不要乱想。静静的养几天,就好了。"

不要乱想,静静的养!养肥了,他们是自然可以多吃;我有什么好处,怎么会"好了"?他们这群人,又想吃人,又是鬼鬼祟祟,想法子遮掩,不敢直捷下手,真要令我笑死。我忍不住,便放声大笑起来,十分快活。自己晓得这笑声里面,有的是义勇和正气。老头子和大哥,都失了色,被我这勇气正气镇压住了。

但是我有勇气，他们便越想吃我，沾光一点这勇气。老头子跨出门，走不多远，便低声对大哥说道，"赶紧吃罢！"大哥点点头。原来也有你！这一件大发见，虽似意外，也在意中：合伙吃我的人，便是我的哥哥！

吃人的是我哥哥！

我是吃人的人的兄弟！

我自己被人吃了，可仍然是吃人的人的兄弟！

五

这几天是退一步想：假使那老头子不是刽子手扮的，真是医生，也仍然是吃人的人。他们的祖师李时珍做的"本草什么"上，明明写着人肉可以煎吃；他还能说自己不吃人么？

至于我家大哥，也毫不冤枉他。他对我讲书的时候，亲口说过可以"易子而食"；又一回偶然议论起一个不好的人，他便说不但该杀，还当"食肉寝皮"。我那时年纪还小，心跳了好半天。前天狼子村佃户来说吃心肝的事，他也毫不奇怪，不住的点头。可见心思是同从前一样狠。既然可以"易子而食"，便什么都易得，什么人都吃得。我从前单听他讲道理，也糊涂过去；现在晓得他讲道理的时候，不但唇边还抹着人油，而且心里满装着吃人的意思。

六

黑漆漆的，不知是日是夜。赵家的狗又叫起来了。

狮子似的凶心，兔子的怯弱，狐狸的狡猾，……

七

我晓得他们的方法,直捷杀了,是不肯的,而且也不敢,怕有祸祟。所以他们大家连络,布满了罗网,逼我自戕。试看前几天街上男女的样子,和这几天我大哥的作为,便足可悟出八九分了。最好是解下腰带,挂在梁上,自己紧紧勒死;他们没有杀人的罪名,又偿了心愿,自然都欢天喜地的发出一种呜呜咽咽的笑声。否则惊吓忧愁死了,虽则略瘦,也还可以首肯几下。

他们是只会吃死肉的!——记得什么书上说,有一种东西,叫"海乙那"的,眼光和样子都很难看;时常吃死肉,连极大的骨头,都细细嚼烂,咽下肚子去,想起来也教人害怕。"海乙那"是狼的亲眷,狼是狗的本家。前天赵家的狗,看我几眼,可见他也同谋,早已接洽。老头子眼看着地,岂能瞒得我过。

最可怜的是我的大哥。他也是人,何以毫不害怕;而且合伙吃我呢?还是历来惯了,不以为非呢?还是丧了良心,明知故犯呢?

我诅咒吃人的人,先从他起头;要劝转吃人的人,也先从他下手。

八

其实这种道理,到了现在,他们也该早已懂得,……

忽然来了一个人,年纪不过二十左右,相貌是不很看得清楚,满面笑容,对了我点头,他的笑也不像真笑。我便问他,"吃人的事,对么?"他仍然笑着说,"不是荒年,怎么会吃人。"我立刻就晓得,他也是一伙,喜欢吃人的;便自勇气百倍,偏要问他。

"对么?"

"这等事问他什么。你真会……说笑话。……今天天气很好。"

"天气是好,月色也很亮了。可是我要问你,'对么?'"

他不以为然了。含含胡胡的答道,"不……"

"不对?他们何以竟吃?!"

"没有的事……"

"没有的事?狼子村现吃;还有书上都写着,通红崭新!"

他便变了脸,铁一般青。睁着眼说,"也许有的,这是从来如此……"

"从来如此,便对么?"

"我不同你讲这些道理;总之你不该说,你说便是你错!"

我直跳起来,张开眼,这人便不见了。全身出了一大片汗。他的年纪,比我大哥小得远,居然也是一伙;这一定是他娘老子先教的。还怕已经教给他儿子了;所以连小孩子,也都恶狠狠的看我。

九

自己想吃人,又怕被别人吃了,都用着疑心极深的眼光,面面相觑。……

去了这心思,放心做事走路吃饭睡觉,何等舒服!这只是一条门槛,一个关头。他们可是父子兄弟夫妇朋友师生仇敌和各不相识的人,都结成一伙,互相劝勉,互相牵掣,死也不肯跨过这一步。

十

大清早,去寻我大哥;他立在堂门外看天,我便走到他背

后,拦住门,格外沉静,格外和气的对他说,

"大哥,我有话告诉你。"

"你说就是。"他赶紧回过脸来,点点头。

"我只有几句话,可是说不出来。大哥,大约当初野蛮的人,都吃过一点人。后来因为心思不同,有的不吃人了,一味要好,便变了人,变了真的人。有的却还吃,——也同虫子一样,有的变了鱼鸟猴子,一直变到人。有的不要好,至今还是虫子。这吃人的人比不吃人的人,何等惭愧。怕比虫子的惭愧猴子,还差得很远很远。"

"易牙蒸了他儿子,给桀纣吃,还是一直从前的事。谁晓得从盘古开辟天地以后,一直吃到易牙的儿子;从易牙的儿子,一直吃到徐锡林;从徐锡林,又一直吃到狼子村捉住的人。去年城里杀了犯人,还有一个生痨病的人,用馒头蘸血舔。"

"他们要吃我,你一个人,原也无法可想;然而又何必去入伙。吃人的人,什么事做不出;他们会吃我,也会吃你,一伙里面,也会自吃。但只要转一步,只要立刻改了,也就人人太平。虽然从来如此,我们今天也可以格外要好,说是不能!大哥,我相信你能说,前天佃户要减租,你说过不能。"

当初,他还只是冷笑,随后眼光便凶狠起来,一到说破他们的隐情,那就满脸都变成青色了。大门外立着一伙人,赵贵翁和他的狗,也在里面,都探头探脑的挨进来。有的是看不出面貌,似乎用布蒙着;有的是仍旧青面獠牙,抿着嘴笑。我认识他们是一伙,都是吃人的人。可是也晓得他们心思很不一样,一种

是以为从来如此，应该吃的；一种是知道不该吃，可是仍然要吃，又怕别人说破他，所以听了我的话，越发气愤不过，可是抿着嘴冷笑。

这时候，大哥也忽然显出凶相，高声喝道，"都出去！疯子有什么好看！"

这时候，我又懂得一件他们的巧妙了。他们岂但不肯改，而且早已布置；预备下一个疯子的名目罩上我。将来吃了，不但太平无事，怕还会有人见情。佃户说的大家吃了一个恶人，正是这方法。这是他们的老谱！

陈老五也气愤愤的直走进来。如何按得住我的口，我偏要对这伙人说：

"你们可以改了，从真心改起！要晓得将来容不得吃人的人，活在世上。

"你们要不改，自己也会吃尽。即使生得多，也会给真的人除灭了，同猎人打完狼子一样！——同虫子一样！"

那一伙人，都被陈老五赶走了。大哥也不知那里去了。陈老五劝我回屋子里去。屋里面全是黑沉沉的，横梁和椽子都在头上发一抖；抖了一会，就大起来，堆在我身上。

万分沉重，动弹不得；他的意思是要我死。我晓得他的沉重是假的，便挣扎出来，出了一身汗。可是偏要说："你们立刻改了，从真心改起！你们要晓得将来是容不得吃人的人⋯⋯"

十一

太阳也不出，门也不开，日日是两顿饭。

我捏起筷子，便想起我大哥；晓得妹子死掉的缘故，也全在他。那时我妹子才五岁，可爱可怜的样子，还在眼前。母亲哭个不住，他却劝母亲不要哭；大约因为自己吃了，哭起来不免有点过意不去。如果还能过意不去，……

妹子是被大哥吃了，母亲知道没有，我可不得而知。

母亲想也知道；不过哭的时候，却并没有说明，大约也以为应当的了。记得我四五岁时，坐在堂前乘凉，大哥说爷娘生病，做儿子的须割下一片肉来，煮熟了请他吃，才算好人；母亲也没有说不行。一片吃得，整个的自然也吃得。但是那天的哭法，现在想起来，实在还教人伤心，这真是奇极的事！

十二

不能想了。

四千年来时时吃人的地方，今天才明白，我也在其中混了多年；大哥正管着家务，妹子恰恰死了，他未必不和在饭菜里，暗暗给我们吃。

我未必无意之中，不吃了我妹子的几片肉，现在也轮到我自己，……

有了四千年吃人履历的我，当初虽然不知道，现在明白，难见真的人！

没有吃过人的孩子，或者还有？

救救孩子……

一九一八年四月

示　众

　　首善之区的西城的一条马路上,这时候什么扰攘也没有。火焰焰的太阳虽然还未直照,但路上的沙土仿佛已是闪烁地生光;酷热满和在空气里面,到处发挥着盛夏的威力。许多狗都拖出舌头来,连树上的乌老鸦也张着嘴喘气,——但是,自然也有例外的。远处隐隐有两个铜盏相击的声音,使人忆起酸梅汤,依稀感到凉意,可是那懒懒的单调的金属音的间作,却使那寂静更其深远了。

　　只有脚步声,车夫默默地前奔,似乎想赶紧逃出头上的烈日。

　　"热的包子咧!刚出屉的⋯⋯。"

　　十一二岁的胖孩子,细着眼睛,歪了嘴,在路旁的店门前叫喊。声音已经嘶嗄了,还带些睡意,如给夏天的长日催眠。他旁边的破旧桌子上,就有二三十个馒头包子,毫无热气,冷冷地坐着。

　　"荷阿!馒头包子咧,热的⋯⋯。"

　　像用力掷在墙上而反拨过来的皮球一般,他忽然飞在马路的那边了。在电杆旁,和他对面,正向着马路,其时也站定了两个人:一个是淡黄制服的挂刀的面黄肌瘦的巡警,手里牵着绳头,绳的那头就拴在别一个穿蓝布大衫上罩白背心的男人的臂膊上。这男人戴一顶新草帽,帽檐四面下垂,遮住了眼睛的一带。但胖孩子身体矮,仰起脸来看时,却正撞见这人的眼睛了。

那眼睛也似乎正在看他的脑壳。他连忙顺下眼,去看白背心,只见背心上一行一行地写着些大大小小的什么字。

刹时间,也就围满了大半圈的看客。待到增加了秃头的老头子之后,空缺已经不多,而立刻又被一个赤膊的红鼻子胖大汉补满了。这胖子过于横阔,占了两人的地位,所以续到的便只能屈在第二层,从前面的两个脖子之间伸进脑袋去。

秃头站在白背心的略略正对面,弯了腰,去研究背心上的文字,终于读起来——

"嗡,都,哼,八,而,……"

胖孩子却看见那白背心正研究着这发亮的秃头,他也便跟着去研究,就只见满头光油油的,耳朵左近还有一片灰白色的头发,此外也不见得有怎样新奇。但是后面的一个抱着孩子的老妈子却想乘机挤进来了;秃头怕失了位置,连忙站直,文字虽然还未读完,然而无可奈何,只得另看白背心的脸:草帽檐下半个鼻子,一张嘴,尖下巴。

又像用了力掷在墙上而反拨过来的皮球一般,一个小学生飞奔上来,一手按住了自己头上的雪白的小布帽,向人丛中直钻进去。但他钻到第三——也许是第四——层,竟遇见一件不可动摇的伟大的东西了,抬头看时,蓝裤腰上面有一座赤条条的很阔的背脊,背脊上还有汗正在流下来。他知道无可措手,只得顺着裤腰右行,幸而在尽头发见了一条空处,透着光明。他刚刚低头要钻的时候,只听得一声"什么",那裤腰以下的屁股向右一歪,空处立刻闭塞,光明也同时不见了。

但不多久，小学生却从巡警的刀旁边钻出来了。他诧异地四顾外面围着一圈人，上首是穿白背心的，那对面是一个赤膊的胖小孩，胖小孩后面是一个赤膊的红鼻子胖大汉，他这时隐约悟出先前的伟大的障碍物的本体了，便惊奇而且佩服似的只望着红鼻子。胖小孩本是注视着小学生的脸的，于是也不禁依了他的眼光，回转头去了，在那里是一个很胖的奶子，奶头四近有几枝很长的毫毛。

"他，犯了什么事啦？……"

大家都愕然看时，是一个工人似的粗人，正在低声下气地请教那秃头老头子。

秃头不作声，单是睁起了眼睛看定他。他被看得顺下眼光去，过一会再看时，秃头还是睁起了眼睛看定他，而且别的人也似乎都睁了眼睛看定他。他于是仿佛自己就犯了罪似的局促起来，终至于慢慢退后，溜出去了。一个挟洋伞的长子就来补了缺，秃头也旋转脸去再看白背心。

长子弯了腰，要从垂下的草帽檐下去赏识白背心的脸，但不知道为什么忽又站直了。于是他背后的人们又须竭力伸长了脖子；有一个瘦子竟至于连嘴都张得很大，像一条死鲈鱼。

巡警，突然间，将脚一提，大家又愕然，赶紧都看他的脚；然而他又放稳了，于是又看白背心。长子忽又弯了腰，还要从垂下的草帽檐下去窥测，但即刻也就立直，擎起一只手来拼命搔头皮。

秃头不高兴了，因为他先觉得背后有些不太平，接着耳朵边就有唧咕唧咕的声响。他双眉一锁,回头看时,紧挨他右边,有一只黑手拿着半个大馒头正在塞进一个猫脸的人的嘴里去。他也就不说什么,自去看白背心的新草帽了。

忽然,就有暴雷似的一击,连横阔的胖大汉也不免向前一踉跄。同时,从他肩膊上伸出一只胖得不相上下的臂膊来,展开五指,拍的一声正打在胖孩子的脸颊上。

"好快活!你妈的……"同时,胖大汉后面就有一个弥勒佛似的更圆的胖脸这么说。

胖孩子也踉跄了四五步,但是没有倒,一手按着脸颊,旋转身,就想从胖大汉的腿旁的空隙间钻出去。胖大汉赶忙站稳,并且将屁股一歪,塞住了空隙,恨恨地问道——

"什么?"

胖孩子就像小鼠子落在捕机里似的,仓皇了一会,忽然向小学生那一面奔去,推开他,冲出去了。小学生也返身跟出去了。

"吓,这孩子。……"总有五六个人都这样说。

待到重归平静,胖大汉再看白背心的脸的时候,却见白背心正在仰面看他的胸脯;他慌忙低头也看自己的胸脯时,只见两乳之间的洼下的坑里有一片汗,他于是用手掌拂去了这些汗。

然而形势似乎总不甚太平了。抱着小孩的老妈子因为在骚扰时四顾,没有留意,头上梳着的喜鹊尾巴似的"苏州俏"便碰了站在旁边的车夫的鼻梁,车夫一推,却正推在孩子上,孩子就扭转身去,向着圈外,嚷着要回去了。老妈子先也略略一踉跄,但便即站定,旋转孩子来使他正对白背心,一手指点着,说道——

"阿,阿,看呀!多么好看哪……"

空隙间忽而探进一个戴硬草帽的学生模样的头来,将一粒瓜子之类似的东西放在嘴里,下颚向上一磕,咬开,退出去了。这地方就补上了一个满头油汗而粘着灰土的椭圆脸。

挟洋伞的长子也已经生气,斜下了一边的肩膊,皱眉疾视着肩后的死鲈鱼。大约从这么大的大嘴里呼出来的热气,原也不易招架的,而况又在盛夏。秃头正仰视那电杆上钉着的红牌上的四个白字,仿佛很觉得有趣。胖大汉和巡警都斜了眼研究着老妈子的钩刀般的鞋尖。

"好!"

什么地方忽有几个人同声喝采。都知道该有什么事情起来了,一切头便全数回转去。连巡警和他牵着的犯人也都有些摇动了。

"刚出屉的包子咧!荷阿,热的……"

路对面是胖孩子歪着头,磕睡似的长呼;路上是车夫们默默地前奔,似乎想赶紧逃出头上的烈日。大家都几乎失望了,幸而放出眼光去四处搜索,终于在相距十多家的路上,发现了一辆洋车停放着,一个车夫正在爬起来。

圆阵立刻散开,都错错落落地走过去。胖大汉走不到一半,就歇在路边的槐树下;长子比秃头和椭圆脸走得快,接近了。车上的坐客依然坐着,车夫已经完全爬起,但还在摩自己的膝踝。周围有五六个人笑嘻嘻地看他们。

"成么?"车夫要来拉车时,坐客便问。

他只点点头拉了车就走；大家就惘惘然目送他。起先还知道那一辆是曾经跌倒的车，后来被别的车一混，知不清了。

马路上就很清闲，有几只狗伸出了舌头喘气；胖大汉就在槐阴下看那很快地一起一落的狗肚皮。

老妈子抱了孩子从屋檐阴下蹩过去了。胖孩子歪着头，挤细了眼睛，拖长声音，磕睡地叫喊——"热的包子咧！荷阿……刚出屉的……。"

一九二五年三月一八日

我所知道的康桥

徐志摩

一

我这一生的周折,大都寻得出感情的线索。不论别的,单说求学。我到英国是为要从罗素。罗素来中国时,我已经在美国。他那不确的死耗传到的时候,我真的出眼泪不够,还做悼诗来了。他没有死,我自然高兴。我摆脱了哥伦比亚大博士衔的引诱,买船漂过大西洋,想跟这一位二十世纪的福禄泰尔认真念一点书去。谁知一到英国才知道事情变样了:一为他在战时主张和平,二为他离婚,罗素叫康桥给除名了。他原来是Trinity College的fellow,这来他的fellowship也给取消了。他回英国后就在伦敦住下,夫妻两人卖文章过日子。因此我也不曾遂我从学的始愿。我在伦敦政治经济学院里混了半年,正感着闷想换路走的时候,我认识了狄更生先生。狄更生———Goldsworthy Lowes Dickinson———是一个有名的作者,他的《一个中国人通信》(Letters from John Chinaman)与《一个现代聚餐谈话》(A Modern Symposium)两本小册子早得了我的景仰。我第一次会着他是在伦敦国际联盟协会席上,那天林宗孟先生演说,他做主席；第二次是宗孟寓里吃茶，有他。以后我常到他家里去。他看出我的烦闷，劝我到康桥去，他自己是王家学院（King's College）的fellow，我就写信去问两个学院，回信都说学额早满了，随后还是狄更生先生替我去在他的学院里说好了，给我一个特别生的资格，随意选科听讲。从此黑方巾、黑披袍的风光也被我占着了。初起我在离康桥六英里的乡下叫沙士顿地方租了几间小屋住下，同居的有我从前的夫人张幼仪女士与郭虞裳君。每天一早我坐街车（有时自行车）上学，到晚回家。这样的生活过了一个春，但我在康桥还只是个陌生人，谁都不认识，康桥的生活，可以说完全不曾尝着，我知道的只是一个图书馆，几个课室，和三两个吃便宜饭的茶食铺子。狄更生常在伦敦或是大陆上，所以也不常见他。那年的秋季我一个人回到康桥，整整有一学年，那时我才有机会接近真正的康桥生活，同时我也慢慢的"发见"了康桥。我不曾知道过更大的愉快。

二

"单独"是一个耐寻味的现象。我有时想它是任何发现的第一个条件。你要发见你的朋友的"真"，你得有与他单独的机会。你要发见你自己的真，你得给你自己一个单独的机会。你要发见一个地方（地方一样有灵性），你也得有单独玩的机会。我们这一辈子，认真说，能认识几个人？能认识几个地方？我们都是太匆忙，太没有单独的机会。说实话，我连我的本乡都没有什么了解。康桥我要算是有相当交情的，再次许只有新认识的翡冷翠了。啊,那些清晨,那些黄昏,我一个人发痴似的在康桥!绝对的单独。

但一个人要写他最心爱的对象,不论是人是地,是多么使他为难的一个工作?你怕,你怕描坏了它,你怕说过分了恼了它,你怕说太谨慎了辜负了它。我现在想写康桥,也正是这样的心理,我不曾写,我就知道这回是写不好的——况且又是临时逼出来的事情。但我却不能不写,上期预告已经出去了。我想勉强分两节写:一是我所知道的康桥的天然景色;一是我所知道的康桥学生生活。我今晚只能极简地写些,等以后有兴会时再补。

三

康桥的灵性全在一条河上;康河,我敢说是全世界最秀丽的一条水。河的名字是葛兰大(Granta),也有叫康河(River Cam)的,许有上下流的区别,我不甚清楚。河身多的是曲折,上游是有名的拜伦潭——"Byron's Pool"——当年拜伦常在那里玩的;有一个老村子叫格兰骞斯德,有一个果子园,你可以躺在累累的桃李树荫下吃茶,花果会掉入你的茶杯,小雀子会到你桌上来啄食,那真是别有一番天地。这是上游;下游是从骞斯德顿下去,河面展开,那是春夏间竞舟的场所。上下河分界处有一个坝筑,水流急得很,在星光下听水声,听近村晚钟声,听河畔倦牛刍草声,是我康桥经验中最神秘的一种:大自然的优美、宁静、调谐在这星光与波光的默契中不期然地淹入了你的性灵。

但康河的精华是在它的中权,著名的"Backs",这两岸是几个最蜚声的学院的建筑。从上面一来是Penbroke, St. Katharine's, King's, Clare, Trinity, St. John's。最令人留连的一节是克莱亚与王家学院的毗连处，克莱亚的秀丽紧邻着王家教堂（King's Chapel）的宏伟。别的地方尽有更美更庄严的建筑，例如巴黎赛因河的罗浮宫一带，威尼斯的利阿尔多大桥的两岸，翡冷翠维基乌大桥的周遭；但康桥的"Backs"自有它的特长，这不容易用一二个状词来概括，它那脱尽尘埃气的一种清澈秀逸的意境可说是超出了画图而化生了音乐的神味。再没有比这一群建筑更调谐更匀称的了！论画，可比的许只有柯罗（Corot）的田野；论音乐，可比的许只有萧班（Chopin）的夜曲。就这也不能给你依稀的印象，它给你的美感简直是神灵性种的一种。

假如你站在王家学院桥边的那棵大桔树荫下眺望，右侧面，隔着一大方浅草坪，是我们的校友居（Fellows Building），那年代并不早，但它的妩媚也是不可掩的，它那苍白的石壁上春夏间满缀着艳色的蔷薇在和风中摇颤，更移左是那教堂，森林似的尖阁不可浼的永远直指着天空；更左是克莱亚，啊！那不可信的玲珑的方庭，谁说这不是圣克莱亚（St. Clare）的化身，哪一块石上不闪耀着她当年圣洁的精神？在克莱亚后背隐约可辨的是康桥最潇贵最骄纵的三清学院（Trinity），它那临河的图书楼上坐镇着拜伦神采惊人的雕像。

但这时你的注意早已叫克莱亚的三环洞桥魔术似的摄住。你见过西湖白堤上的西泠断桥不是？（可怜它们早已叫代表近代丑恶精神的汽车公司给铲平了,现在它们跟着苍凉的雷峰永远辞别了人间。)你忘不了那桥上斑驳的苍苔,木栅的古色,与那桥拱下泄露的湖光与山色不是?克莱亚并没有那样体面的衬托,它也不比庐山楼贤寺旁的观音桥,上瞰五老的奇峰,下临深潭与飞瀑;它只是怯怜怜的一座三环洞的小桥,它那桥洞间也只掩映着细纹的波鳞与婆娑的树影,它那桥上栉比的小穿兰与兰节顶上双双的白石球,也只是村姑子头上不夸张的香草与野花一类的装饰;但你凝神地看着,更凝神地看着,你再反省你的心境,看还有一丝屑的俗念沾滞不?只要你审美的本能不曾汨灭时,这是你的机会实现纯粹美感的神奇!

但你还得选你赏鉴的时辰。英国的天时与气候是走极端的。冬天是荒谬的坏,逢着连绵的雾盲天你一定不迟疑地甘愿进地狱本身去试试;春天(英国是几乎没有夏天的)是更荒谬的可爱,尤其是它那四五月间最渐缓最艳丽的黄昏,那才真是寸寸黄金。在康河边上过一个黄昏是一服灵魂的补剂。啊!我那时蜜甜的单独,那时蜜甜的闲暇。一晚又一晚的,只见我出神似的倚在桥栏上向西天凝望:

看一回凝静的桥影,

数一数螺钿的波纹;

我倚暖了石阑的青苔,

青苔凉透了我的心坎;……

还有几句更笨重的怎能仿佛那游丝似轻妙的情景：

难忘七月的黄昏，远树凝寂，

像墨泼的山形，衬出轻柔暝色，

密稠稠，七分鹅黄，三分橘绿，

那妙意只可去秋梦边缘捕捉；……

四

这河身的两岸都是四季常青最葱翠的草坪。从校友居的楼上望去，对岸草场上，不论早晚，永远有十数匹黄牛与白马，胫蹄没在恣蔓的草丛中，从容地在咬嚼，星星的黄花在风中动荡，应和着它们尾鬃的扫拂。桥的两端有斜倚的垂柳与桔荫护住。水是澈底的清澄，深不足四尺，匀匀地长着长条的水草。这岸边的草坪又是我的爱宠，在清朝，在傍晚，我常去这天然的织锦上坐地，有时读书，有时看水；有时仰卧着看天空的行云，有时反仆着搂抱大地的温软。

但河上的风流还不止两岸的秀丽，你得买船去玩。船不止一种：有普通的双桨划船，有轻快的薄皮舟（canoe），有最别致的长形撑篙船（punt）。最末的一种是别处不常有的：约莫有二丈长，三尺宽，你站直在船梢上用长竿撑着走的。这撑是一种技术。我手脚太蠢，始终不曾学会。你初起手尝试时，容易把船身横住在河中，东颠西撞的狼狈。英国人是不轻易开口笑人的，但是小心他们不出声的皱眉！也不知有多少次河中本来悠闲的秩序叫我这莽撞的外行给捣乱了。我真的始终不曾学会；每回我不服输跑去租船再试的时候，有一个白胡子的船家往往带讥讽地对我说："先生，这撑船的费劲，天热累人，还是拿个薄皮舟溜溜吧！"我哪里肯听话，长篙子一点就把船撑了开去，结果还是把河身一段段地腰斩了去！

你站在桥上去看人家撑，那多不费劲，多美！尤其在礼拜天有几个专家的女郎，穿一身缟素衣服，裙裾在风前悠悠地飘着，戴一顶宽边的薄纱帽，帽影在水草间颤动，你看她们出桥洞时的姿态，捻起一根竟像没分量的长竿，只轻轻地，不经心地往波心里一点，身子微微地一蹲，这船身便波地转出了桥影，翠条鱼似的向前滑了去。她们那敏捷，那闲暇，那轻盈，真是值得歌咏的。

在初夏阳光渐暖时你去买一只小船，划去桥边荫下躺着念你的书或是做你的梦，槐花香在水面上飘浮，鱼群的唼喋声在你的耳边挑逗。或是在初秋的黄昏，近着新月的寒光，往上流僻静处远去。爱热闹的少年们携着他们的女友，在船沿上支着双双的东洋彩纸灯，带着话匣子，船心里用软垫铺着，也开向无人迹处去享他们的野福——谁不爱听那水底翻的音乐在静定的河上描写梦意与春光！

住惯城市的人不易知道季候的变迁。看见叶子掉知道是秋，看见叶子绿知道是春；天冷了装炉子，天热了拆炉子；脱下棉袍，换上夹袍，脱下夹袍，换上单袍：不过如此罢了。天上星斗的消息，地下泥土里的消息，空中风吹的消息，都不关我们的事。忙着哪，这样那样事情多着，谁耐烦管星星的移转，花草的消长，风云的变幻？同时我们抱怨我们的生活、苦痛、烦闷、拘束、枯燥，谁肯承认做人是快乐？谁不多少间咒诅人生？

但不满意的生活大都是由于自取的。我是一个生命的信仰者，我信生活决不是我们大多数人仅仅从自身经验推得的那样暗惨。我们的病根是在"忘本"。人是自然的产儿，就比枝头的花与鸟是自然的产儿，但我们不幸是文明人，入世深似一天，离自然远似一天。离开了泥土的花草，离开了水的鱼，能快活吗？能生存吗？从大自然，我们取得我们的生命；从大自然，我们应分取得我们继续的资养。哪一株婆娑的大木没有盘错的根柢深入在无尽藏的地里？我们是永远不能独立的。有幸福是永远不离母亲抚育的孩子，有健康是永远接近自然的人们。不必一定与鹿豕游，不必一定回"洞府"去；为医治我们当前生活的枯窘，只要"不完全遗忘自然"一张轻淡的药方，我们的病象就有缓和的希望。在青草里打几个滚，到海水里洗几次浴，到高处去看几次朝霞与晚照——你肩背上的负担就会轻松了去的。

这是极肤浅的道理，当然。但我要没有过康桥的日子，我就不会有这样的自信。我这一辈子就只那一春，说也可怜，算是不曾虚度。就只那一春，我的生活是自然的，是真愉快的！（虽则碰巧那也是我最感受人生痛苦的时期。）我那时有的是闲暇，有的是自由，有的是绝对单独的机会。说也奇怪，竟像是第一次，我辨认了星月的光明，草的青，花的香，流水的殷勤。我能忘记那初春的睥睨吗？曾经有多少个清晨我独自冒着冷去薄霜铺地的林子里闲步——为听鸟语，为盼朝阳，为寻泥土里渐次苏醒的花草，为体会最微细最神妙的春信。啊，那是新来的画眉在那边调不尽的青枝上试它的新声！啊，这是第一朵小雪球花挣出了半冻的地面！啊，这不是新来的潮润沾上了寂寞的柳条？

静极了，这朝来水溶溶的大道，只远处牛奶车的铃声，点缀这周遭的沉默。顺着这大道走去，走到尽头，再转入林子里的小径，往烟雾浓密处走去，头顶是交枝的榆荫，透露着漠楞楞的曙色；再往前走去，走尽这林子，当前是平坦的原野，望见了村舍，初青的麦田，更远三两个馒形的小山掩住了一条通道。天边是雾茫茫的，尖尖的黑影是近村的教寺。听，那晓钟和缓的清音。这一带是此邦中部的平原，地形像是海里的轻波，默沉沉地起伏；山岭是望不见的，有的是常青的草原与沃腴的田壤。登那土阜上望去，康桥只是一带茂林，拥戴着几处娉婷的尖阁。妩媚的康河也望不见踪迹，你只能循着那锦带似的林木想象那一流清浅。村舍与树林是这地盘上的棋子，有村舍处有佳荫，有佳荫处有村舍。这早起是看炊烟的时辰，朝雾渐渐地升起，揭开了这灰苍苍的天幕（最好是微霞后的光景），远近的炊烟，成丝的，成缕的，成卷的，轻快的，迟重的，浓灰的，淡青的，惨白的，在静定的朝气里渐渐地上腾，渐渐地不见，仿佛是朝来人们的祈祷，参差地翳入了天听。朝阳是难得见的，这初春的天气。但它来时是起早人莫大的愉快。顷刻间这田野添深了颜色，一层轻纱似的金粉糁上了这草，这树，这通道，这庄舍。顷刻间这周遭弥漫了清晨富丽的温柔。顷刻间你的心怀也分润了白天诞生的光荣。"春!"这胜利的晴空仿佛在你的耳边私语。"春!"你那快活的灵魂也仿佛在那里回响。

伺候着河上的风光,这春来一天有一天的消息。关心石上的苔痕,关心败草里的鲜花,关心这水流的缓急,关心水草的滋长,关心天上的云霞,关心新来的鸟语。怯怜怜的小雪球是探春信的小使。铃兰与香草是欢喜的初声。窈窕的莲馨,玲珑的石水仙,爱热闹的克罗克斯,耐辛苦的蒲公英与雏菊——这时候春光已是烂漫在人间,更不须殷勤问讯。

瑰丽的春假。这是你野游的时期。可爱的路政,这里不比中国,哪一处不是坦荡荡的大道?徒步是一个愉快,但骑自转车是一个更大的愉快。在康桥骑车是普遍的技术;妇人、稚子、老翁,一致享受这双轮舞的快乐。(在康桥听说自转车是不怕人偷的,就为人人都自己有车,没人要偷。)任你选一个方向,任你上一条通道,顺着这带草味的和风,放轮远去,保管你这半天的逍遥是你性灵的补剂。这道上有的是清荫与美草,随地都可以供你休憩。你如爱花,这里多的是锦绣似的草原。你如爱鸟,这里多的是巧啭的鸣禽。你如爱儿童,这乡间到处是可亲的稚子。你如爱人情,这里多的是不嫌远客的乡人,你到处可以"挂单"借宿,有酪浆与嫩薯供你饱餐,有夺目的鲜果恣你尝新。你如爱酒,这乡间每"望"都为你储有上好的新酿,黑啤如太浓,苹果酒、姜酒都是供你解渴润肺的。……带一卷书,走十里路,选一块清静地,看天,听鸟,读书,倦了时,和身在草绵绵处寻梦去——你能想象更适情更适性的消遣吗?

陆放翁有一联诗句："传呼快马迎新月,却上轻舆趁晚凉。"这是做地方官的风流。我在康桥时虽没马骑,没轿子坐,却也有我的风流:我常常在夕阳西晒时骑了车迎着天边扁大的日头直追。日头是追不到的,我没有夸父的荒诞,但晚景的温存却被我这样偷尝了不少。有三两幅画图似的经验至今还是栩栩地留着。只说看夕阳,我们平常只知道登山或是临海,但实际只须辽阔的天际,平地上的晚霞有时也是一样的神奇。有一次我赶到一个地方,手把着一家村庄的篱笆,隔着一大田的麦浪,看西天的变幻。有一次是正冲着一条宽广的大道,过来一大群羊,放草归来的,偌大的太阳在它们后背放射着万缕的金辉,天上却是乌青青的,剩这不可逼视的威光中的一条大路、一群生物,我心头顿时感着神异性的压迫,我真的跪下了,对着这冉冉渐翳的金光。再有一次是更不可忘的奇景,那是临着一大片望不到头的草原,满开着艳红的罂粟,在青草里亭亭像是万盏的金灯,阳光从褐色云里斜着过来,幻成一种异样的紫色,透明似的不可逼视,霎那间在我迷眩了的视觉中,这草田变成了……不说也罢,说来你们也是不信的!

一别二年多了,康桥,谁知我这思乡的隐忧?也想不别的,我只要那晚钟撼动的黄昏,没遮拦的田野,独自斜倚在软草里,看第一个大星在天边出现!

十五年一月十五日

胡适文两篇

我们对于西洋近代文明的态度

今日最没有根据而又最有毒害的妖言是讥贬西洋文明为唯物的(Materialistic)，而尊崇东方文明为精神的(Spiritual)。这本是很老的见解，在今日却有新兴的气象。从前东方民族受了西洋民族的压迫，往往利用这种见解来解嘲，来安慰自己。近几年来，欧洲大战的影响使一部分的西洋人对于近世科学的文化起一种厌倦的反感，所以我们时时听见西洋学者有崇拜东方的精神文明的议论。这种议论，本来只是一时的病态的心理，却正投合了东方民族的夸大狂；东方的旧势力就因此增加了不少的气焰。

我们不愿"开倒车"的少年人，对于这个问题不能没有一种彻底的见解，不能没有一种鲜明的表示。

现在高谈"精神文明""物质文明"的人，往往没有共同的标准做讨论的基础，故只能做文字上或表面上的争论，而不能有根本的了解。我想提出几个基本观念来做讨论的标准。

第一，文明(Civilization)是一个民族应付他的环境的总成绩。

第二，文化(Culture)是一种文明所形成的生活的方式。

第三，凡一种文明的造成，必有两个因子：一是物质的（Material），包括种种自然界的势力与质料；一是精神的（Spiritual），包括一个民族的聪明才智、感情和理想。凡文明都是人的心思智力运用自然界的质与力的作品；没有一种文明是精神的，也没有一种文明单是物质的。

我想这三个观念是不须详细说明的，是研究这个问题的人都可以承认的。一只瓦盆和一只铁铸的大蒸汽炉，一只舢板船和一只大汽船，一部单轮小车和一辆电力街车，都是人的智慧利用自然界的质力制造出来的文明，同有物质的基础，同有人类的心思才智。这里面又有个精粗巧拙的程度上的差异，却没有根本上的不同。蒸汽铁炉固然不必笑瓦盆的幼稚，单轮小车上的人也更不配自夸他的精神的文明，而轻视电车上人的物质的文明。

因为一切文明都少不了物质的表现，所以"物质的文明"（Material Civilization）是一个名词不应该有什么讥贬的涵义。我们说一部摩托车是一种物质的文明，不过单指他的物质的形体；其实一部摩托车所代表的人类的心思智慧决不亚于一首诗所代表的心思智慧。所以"物质的文明"不是和"精神的文明"反对的一个贬词，我们可以不讨论。

我们现在要讨论的是（1）什么叫做"唯物的文明"，（Materialistic Civilization）；（2）西洋现代文明是不是唯物的文明。

崇拜所谓东方精神文明的人说，西洋近代文明偏重物质上和肉体上的享受，而略视心灵上与精神上的要求，所以是唯物的文明。

我们先要指出这种议论含有灵肉冲突的成见，我们认为错误的成见。我们深信，精神的文明必须建筑在物质的基础之上。提高人类物质上的享受，增加人类物质上的便利与安逸，这都是朝着解放人类的能力的方向走，使人们不至于把精力心思全抛在仅仅生存之上，使他们可以有余力去满足他们的精神上的要求。东方的哲人曾说：

衣食足而后知荣辱，仓廪实而后知礼节。

这不是什么舶来的"经济史观"；这是平恕的常识。人世的大悲剧是无数的人们终身做血汗的生活，而不能得着最低限度的人生幸福，不能避免冻与饿。人世的更大悲剧是人类的先知先觉者眼看无数人们的冻饿，不能设法增进他们的幸福，却把"乐天""安命""知足""安贫"种种催眠药给他们吃，叫他们自己欺骗自己，安慰自己。西方古代有一则寓言说：狐狸想吃葡萄，葡萄太高了，它吃不着，只好说："我本不爱吃这酸葡萄！"狐狸吃不着甜葡萄，只好说葡萄是酸的；人们享不着物质上的快乐，只好说物质上的享受是不足羡慕的，而贫贱是可以骄人的。这样自欺自慰成了懒惰的风气，又不足为奇了。于是有狂病的人又进一步，索性回过头去，戕贼身体，断臂，绝食，焚身，以求那幻想的精神的安慰。从自欺自慰以至于自残自杀，人生观变成了人死观，都是从一条路上来的：这条路就是轻蔑人类的基本的欲望。朝这条路上走，逆天而拂性，必至于养成懒惰的社会，多数人不肯努力以求人生基本欲望的满足，也就不肯进一步以求心灵上与精神上的发展了。

西洋近代文明的特色便是充分承认这个物质的享受的重要。西洋近代文明，依我的鄙见看来，是建筑在三个基本观念之上：

第一，人生的目的是求幸福。

第二，所以贫穷是一桩罪恶。

第三，所以衰病是一桩罪恶。

借用一句东方古话，这就是一种"利用厚生"的文明。因为贫穷是一桩罪恶，所以要开发富源，奖励生产，改良制造，扩张商业。因为衰病是一桩罪恶，所以要研究医药，提倡卫生，讲求体育，防止传染的疾病，改善人种的遗传。因为人生的目的是求幸福，所以要经营安适的起居，便利的交通，洁净的城市，优美的艺术，安全的社会，清明的政治。纵观西洋近代的一切工艺、科学、法制，固然其中也不少杀人的利器与侵略掠夺的制度，我们终不能不承认那利用厚生的基本精神。

这个利用厚生的文明，当真忽略了人类心灵上与精神上的要求吗？当真是一种唯物的文明吗？

我们可以大胆地宣言：西洋近代文明绝不轻视人类的精神上的要求。我们还可以大胆地进一步说：西洋近代文明能够满足人类心灵上的要求的程度，远非东洋旧文明所能梦见。在这一方面看来，西洋近代文明绝非唯物的，乃是理想主义的（Idealistic），乃是精神的（Spiritual）。

我们先从理智的方面说起。

西洋近代文明的精神方面的第一特色是科学。科学的根本精神在于求真理。人生世间，受环境的逼迫，受习惯的支配，受迷信与成见的拘束。只有真理可以使你自由，使你强有力，使你聪明圣智；只有真理可以使你打破你的环境里的一切束缚，使你勘天，使你缩地，使你天不怕、地不怕，堂堂地做一个人。

求知是人类天生的一种精神上的最大要求。东方的旧文明对于这个要求，不但不想满足他，并且常想裁制他，断绝他。所以东方古圣人劝人要"无知"，要"绝圣弃智"，要"断思惟"，要"不识不知，顺帝之则。"这是畏难，这是懒惰。这种文明，还能自夸可以满足心灵上的要求吗？

东方的懒惰圣人说："吾生也有涯，而知也无涯，以有涯逐无涯，殆已。"所以他们要人静坐澄心，不思不虑，而物来顺应。这是自欺欺人的胡语，这是人类的夸大狂。真理是深藏在事物之中的；你不去寻求探讨，他决不会露面。科学的文明教人训练我们的官能智慧，一点一滴地去寻求真理，一丝一毫不放过，一铢一两地积起来。这是求真理的唯一法门。自然（Nature）是一个最狡猾的妖魔，只有敲打逼拶可以逼她吐露真情。不思不虑的懒人只好永远作愚昧的人，永远走不进真理之门。

东方的懒人又说："真理是无穷尽的，人的求知的欲望如何能满足呢？"诚然，真理是发现不完的。但科学决不因此而退缩。科学家明知真理无穷、知识无穷，但他们仍然有他们的满足：进一寸有一寸的愉快，进一尺有一尺的满足。二千多年前，一个希腊哲人思索一个难题，想不出道理来；有一天，他跳进浴盆去洗澡，水涨起来，他忽然明白了，他高兴极了，赤裸裸地跑出门去，在街上乱嚷道，"我寻着了！我寻着了！"（Eureka! Eureka!）这是科学家的满足。Newton Pasteur以至于Edison时时有这样的愉快。一点一滴都是进步，一步一步都可以踌躇满志。这种心灵上的快乐是东方的懒圣人所梦想不到的。

这里正是东西文化的一个根本不同之点。一边是自暴自弃的不思不虑，一边是继续不断的寻求真理。

朋友们，究竟是哪一种文化能满足你们的心灵上的要求呢？

其次，我们且看看人类的情感与想象力上的要求。

文艺，美术，我们可以不谈，因为东方的人，凡是能睁开眼睛看世界的，至少还都能承认西洋人并不曾轻蔑了这两个重要的方面。

我们来谈谈道德与宗教罢。

近世文明在表面上还不曾和旧宗教脱离关系，所以近世文化还不曾明白建立他的新宗教新道德。但我们研究历史的人不能不指出近世文明自有他的新宗教与新道德。科学的发达提高了人类的知识，使人们求知的方法更精密了，评判的能力也更进步了，所以旧宗教的迷信部分渐渐被淘汰到最低限度，渐渐地连那最低限度的信仰——上帝的存在与灵魂的不灭——也发生疑问了。所以这个新宗教的第一特色是他的理智化。近世文明仗着科学的武器，开辟了许多新世界，发现了无数新真理，征服了自然界的无数势力，叫电气赶车，叫"以太"送信，真个作出种种动地掀天的大事业来。人类的能力的发展使他渐渐增加对于自己的信仰心,渐渐把向来信天安命的心理变成信任人类自己的心理。所以这个新宗教的第二特色是他的人化。智识的发达不但抬高了人的能力,并且扩大了他的眼界,使他胸襟阔大,想象力高远,同情心浓挚。同时,物质享受的增加使人有余力可以顾到别人的需要与痛苦。扩大了的同情心加上扩大了的能力,遂产生了一个空前的社会化的新道德,所以这个新宗教的第三特色就是他的社会化的道德。

古代的人因为想求得感情上的安慰,不惜牺牲理智上的要求,专靠信心(Faith),不问证据,于是信鬼,信神,信上帝,信天堂,信净土,信地狱。近世科学便不能这样专靠信心了。科学并不菲薄感情上的安慰;科学只要求一切信仰须要经得起理智的评判,须要有充分的证据。凡没有充分证据的,只可存疑,不足信仰。赫肯黎(Huxley)说的最好:

如果我对于解剖学上或生理学上的一个小小困难,必须要严格的不信任一切没有充分证据的东西,方才可望有成绩;那么,我对于人生的奇秘的解决,难道就可以不用这样严格的条件吗?

这正是十分尊重我们的精神上的要求。我们买一亩田,卖二间屋,尚且要一张契据;关于人生的最高希望的根据,岂可没有证据就胡乱信仰吗?

这种"拿证据来"的态度,可以称为近世宗教的"理智化"。

从前人类受自然的支配，不能探讨自然界的秘密，没有能力抵抗自然的残酷，所以对于自然常怀着畏惧之心。拜物，拜畜生，怕鬼，敬神，"小心翼翼，昭事上帝"，都是因为人类不信任自己的能力，不能不依靠一种超自然的势力。现代的人便不同了。人的智力居然征服了自然界的无数质力，上可以飞行无碍，下可以潜行海底，远可以窥算星辰，近可以观察极微。这个两只手一个大脑的动物——人——已成了世界的主人翁，他不能不尊重自己了。一个少年的革命诗人曾这样的歌唱：

> 我独自奋斗，胜败我独自承当，
> 我用不着谁来放我自由，
> 我用不着什么耶稣基督
> 妄想他能替我赎罪替我死。
> I fight alone and win or sink,
> I need no one to make me free,
> I want no Jesus Christ to think
> That he could ever die for me。

这是现代人化的宗教。信任天不如信任人，靠上帝不如靠自己。我们现在不妄想什么天堂天国了，我们要在这个世界上建造"人的乐国"。我们不妄想做不死的神仙了，我们要在这个世界上做个活泼健全的人。我们不妄想什么四禅定六神通了，我们要在这个世界上做个有聪明智慧可以勘天缩地的人。我们也许不轻易信仰上帝的万能了,我们却信仰科学的方法是万能的,人的将来是不可限量的。我们也许不信灵魂的不灭了,我们却信人格是神圣的,人权是神圣的。

这是近世宗教的"人化"。

但最重要的要算近世道德宗教的"社会化"。

古代的宗教大抵注重个人的拯救;古代的道德也大抵注重个人的修养。虽然也有自命普渡众生的宗教,虽然也有自命兼济天下的道德,然而终苦于无法下手,无力实行,只好依旧回到个人的身心上用工夫,做那向内的修养。越向内做工夫,越看不见外面的现实世界;越在那不可捉摸的心性上玩把戏,越没有能力应付外面的实际问题。即如中国八百年的理学工夫,居然看不见二万万妇女缠足的惨无人道!明心见性,何补于人道的苦痛困穷!坐禅主敬,不过造成许多"四体不勤,五谷不分"的废物!

近世文明不从宗教下手,而结果自成一个新宗教;不从道德入门,而结果自成一派新道德。十五、十六世纪的欧洲国家,简直都是几个海盗的国家,哥伦布(Columbus)、马汲伦(Magellan)、都芮克(Drake)一班探险家都只是一些大海盗。他们的目的只是寻求黄金、白银、香料、象牙、黑奴。然而这班海盗和海盗带来的商人开辟了无数新地,开拓了人的眼界,抬高了人的想象力,同时又增加了欧洲的富力。工业革命接着起来,生产的方法根本改变了,生产的能力更发达了。二三百年间,物质上的享受逐渐增加,人类的同情心也逐渐扩大。这种扩大的同情心便是新宗教新道德的基础。自己要争自由,同时便想到别人的自由，所以不但自由须以不侵犯他人的自由为界限，并且还进一步要要求绝大多数人的自由。自己要享受幸福，同时便想到人的幸福，所以乐利主义（Utilitarianism）的哲学家便提出"最大多数的最大幸福"的标准来做人类社会的目的。这都是"社会化"的趋势。

十八世纪的新宗教信条是自由、平等、博爱。十九世纪中叶以后的新宗教信条是社会主义。这是西洋近代的精神文明，这是东方民族不曾有过的精神文明。

固然东方也曾有主张博爱的宗教，也曾有公田均产的思想。但这些不过是纸上的文章，不曾实地变成社会生活的重要部分，不曾变成范围人生的势力，不曾在东方文化上发生多大的影响。在西方便不然了。"自由、平等、博爱"成了十八世纪的革命口号。美国的革命，法国的革命，一八四八年全欧洲的革命运动，一八六二年的南北美战争，都是在这三大主义的旗帜之下的大革命。美国的宪法，法国的宪法，以至于南美洲诸国的宪法，都是受了这三大主义的绝大影响的。旧阶级的打倒，专制政体的推翻，法律之下人人平等的观念的普遍，"信仰、思想、言论、出版"几大自由的保障的实行，普及教育的实施，妇女的解放，女权的运动，妇女参政的实现，……都是这个新宗教新道德的实际的表现。这不仅仅是三五个哲学家书本子里的空谈；这都是西洋近代社会政治制度的重要部分，这都已成了范围人生、影响实际生活的绝大势力。

十九世纪以来，个人主义的趋势的流弊渐渐暴白于世了，资本主义之下的苦痛也渐渐明瞭了。远识的人知道自由竞争的经济制度不能达到真正"自由、平等、博爱"的目的。向资本家手里要求公道的待遇，等于"与虎谋皮"。救济的方法只有两条大路：一是国家利用其权力，实行裁制资本家，保障被压迫的阶级；一是被压迫的阶级团结起来，直接抵抗资本阶级的压迫与掠夺。于是各种社会主义的理论与运动不断地发生。西洋近代文明本建筑在个人求幸福的基础之上，所以向来承认"财产"为神圣的人权之一。但十九世纪中叶以后，这个观念根本动摇了；有的人竟说"财产是贼赃"，有的人竟说"财产是掠夺"。现在私有财产制虽然还存在，然而国家可以征收极重的所得税和遗产税，财产久已不许完全私有了。劳动是向来受贱视的；但资本集中的制度使劳工有大组织的可能，社会主义的宣传与阶级的自觉又使劳工觉悟团结的必要，于是几十年之中有组织的劳动阶级遂成了社会上最有势力的分子。十年以来，工党领袖可以执掌世界强国的政权，同盟总罢工可以屈伏最有势力的政府，俄国的劳农阶级竟做了全国的专政阶级。这个社会主义的大运动现在还正在进行的时期。但他的成绩已很可观了。各国的"社会立法"（Social Legislation）的发达、工厂的视察、工厂卫生的改良、儿童工作与妇女工作的救济、红利分配制度的推行、缩短工作时间的实行、工人的保险、合作制之推行、最低工资（Minimum wage）的运动、失业的救济、级进制的（Progressive）所得税与遗产税的实行，……这都是这个大运动已经做到的成绩，这也不仅仅是纸上的文章，这也都已成了近代文明的重要部分。

这是"社会化"的新宗教与新道德。

东方的旧脑筋也许要说:"这是争权夺利,算不得宗教与道德。"这里又正是东西文化的一个根本不同之点。一边是安分、安命、安贫、乐天、不争、认吃亏;一边是不安分、不安贫、不肯吃亏、努力奋斗、继续改善现成的境地。东方人见人富贵,说他是"前世修来的";自己贫,也说是"前世不曾修",说是"命该如此"。西方人便不然,他说:"贫富的不平等,痛苦的待遇,都是制度的不良的结果,制度是可以改良的。"他们不是争权夺利,他们是争自由,争平等,争公道;他们争的不仅仅是个人的私利,他们奋斗的结果是人类绝大多数人的福利。最大多数人的最大幸福,不是袖手念佛号可以得来的,是必须奋斗力争的。

朋友们,究竟是哪一种文化能满足你们的心灵上的要求呢?

我们现在可综合评判西洋近代的文明了。这一系的文化建筑在"求人生幸福"的基础之上,确然替人类增进了不少的物质上的享受;然而他也确然很能满足人类的精神上的要求。他在理智的方面,用精密的方法,继续不绝地寻求真理,探索自然界无穷的秘密。他在宗教道德的方面,推翻了迷信的宗教,建立合理的信仰;打倒了神权,建立人化的宗教;抛弃了那不可知的天堂净土,努力建设"人的乐国""人世的天堂";丢开了那自称的个人灵魂的超拔,尽量用人的新想象力和新智力去推行那充分社会化了的新宗教与新道德,努力谋人类最大多数的最大幸福。

东方的文明的最大特色是知足。西洋的近代文明的最大特色是不知足。

知足的东方人自安于简陋的生活，故不求物质享受的提高；自安于愚昧，自安于"不识不知"，故不注意真理的发现与技艺器械的发明；自安于现成的环境与命运，故不想征服自然，只求乐天安命，不想改革制度，只图安分守己，不想革命，只做顺民。

这样受物质环境的拘束与支配，不能跳出来，不能运用人的心思智力来改造环境、改良现状的文明，是懒惰不长进的民族的文明，是真正唯物的文明。这种文明只可以遏抑而决不能满足人类精神上的要求。

西方人大不然。他们说："不知足是神圣的。"（Divine Discontent）物质上的不知足产生了今日钢铁世界、汽机世界、电力世界。理智上的不知足产生了今日的科学世界。社会政治制度上的不知足产生了今日的民权世界、自由政体、男女平权的社会、劳工神圣的喊声、社会主义的运动。神圣的不知足是一切革新一切进化的动力。

这样充分运用人的聪明智慧来寻求真理以解放人的心灵，来制服天行以供人用，来改造物质的环境，来改革社会政治的制度，来谋人类最大多数的最大幸福，——这样的文明应该能满足人类精神上的要求；这样的文明是精神的文明，是真正理想主义的（Idealistic）文明，决不是唯物的文明。

固然，真理是无穷的，物质上的享受是无穷的，新器械的发明是无穷的，社会制度的改善是无穷的。但格一物有一物的愉快，革新一器有一器的满足，改良一种制度有一种制度的满意。今日不能成功的，明日明年可以成功；前人失败的，后人可以继续助成。尽一分力便有一分的满意；无穷的进境上，步步都可以给努力的人充分的愉快。所以大诗人邓内孙（Tennyson）借古英雄的Ulysses的口气歌唱道：

> 然而人的阅历就像一座穹门，
> 从那里露出那不曾走过的世界，
> 越走越远，永永望不到他的尽头。
> 半路上不干了，多么沉闷呵！
> 明晃晃的快刀为什么甘心上锈？
> 难道留得一口气就算得生活了？
> ……
> 朋友们，来罢！
> 去寻一个更新的世界是不会太晚的。
> ……
> 用掉的精力固然不回来了，剩下的还不少呢。
> 现在虽然不是从前那样掀天动地的身手了，
> 然而我们毕竟还是我们，
> ——光阴与命运颓唐了几分壮志！
> 终止不住那不老的雄心，
> 去努力，去探寻，去发现，

永不退让，不屈伏。

（一九二六年六月六日）

辨伪举例——蒲松龄的生年考

卢见曾的《国朝山左诗钞》卷四十五有蒲松龄小传，引张元的《蒲先生墓表》说：

卒年七十六。

张元的《墓表》全文，我那时没见着。鲁迅先生的《小说史略》根据《聊斋文集》附录的《墓表》，说蒲松龄至康熙辛卯始成岁贡生，越四年遂卒，年八十六（一六三〇——一七一五）。后来我见着上海中华图书馆石印本《聊斋文集》（以下省称"石印本"）。果然有张元的《墓表》的全文。说他

以康熙五十四年正月二十二日（一七一五年二月二十五日）卒，享年八十有六。以本年葬村东之原。又十年，为雍正改元之三年（一七二五），其孤将为碑以揭其行，而以文属余，以余于先生为同邑后进，且知先生之深也，乃不辞而为之文以表于墓。

张元于乾隆十七年（一七五二）作《渔洋感旧集后序》，自

署"八十一岁老人",是他生在康熙十一年(一六七二),蒲先生死时,张元已四十四岁,作《墓表》时他已五十四岁了。他记蒲松龄死的年月日,决无不可信之理。

但《山左诗钞》引《墓表》作"卒年七十六,道光《济南府志》(卷五四)也作"卒年七十六"。然而《聊斋文集》所录《墓表》却作"享年八十有六"。究竟是哪一本是对的呢?

《山左诗钞》刻于乾隆戊寅(一七五八),去张元之死(一七五六)不过两年。卢见曾刻《渔洋感旧集》,张元替他补各人的小传;《山左诗钞》屡引张元所作的碑传,所以我们可以断定卢见曾所据的《蒲先生墓表》,必是张元的原本,应该是最可信的本子。因此,我相信"八十六"是"七十六"之误。从康熙五十四年(一七一五)上推七十六年,是崇祯十三年(一六四〇)庚辰。

去年十月我到北平,借得清华大学图书馆所藏的《聊斋全集》(以下省称"清华本"),其中有《文集》四册,《诗集》两册。《诗集》中有《降辰哭母》诗,中有云:

老母呼我坐,大小绕身旁。……因言庚辰年,岁事似饥荒。尔年(尔字此本作"儿",后见马立勋钞本作"尔",尔年即足那一年。)于此日,诞汝在北房。……

庚辰正是崇祯十三年,可以证明七十六岁之说不误。

《文集》中有《述刘氏行实》一稿,是他的夫人的小传。刘孺人死于康熙癸巳(一七一三),年七十一;她生于崇祯十六年（一六四三），比蒲松龄小三岁。她死时，蒲松龄年七十四岁，《诗集》中有七十四岁的诗，次年七十五岁，有《过妻墓》的诗，以后就只有几首诗了。最末一首为《除夕》，仍有悼老妻的话，大概是七十五岁除夕的诗。《诗集》里没有七十五岁以后的诗。这也可证聊斋先生死时大概是七十六岁。

淄川马立勋先生（北大学生）不信七十六岁之说，《聊斋诗集》里有《八十述怀》七律两首，诗中明明说"甲子重经又廿年"，他决不止七十六岁。此两诗不载于清华本，止见于石印本。

马君自己在淄川钞得一部《聊斋全集》（以下称"马本"），其中的诗集里也没有这两首《八十述怀》诗。这一点使我很怀疑。

今年我又借了清华本，准备用此本来和马本和石印本互相参校，先请罗尔纲先生把三种《聊斋集》的文、诗、词的篇目列为一个对照表。罗君把这表写成之后，来对我说："石印本的文和词，除了极少数之外，都是清华本和马本所收的。最奇怪的是石印本的诗，共二百六十二首，没有一首是清华本和马本里面见过的。"这就使我更怀疑石印本的《聊斋诗集》了。

昨夜我取出了石印本的《聊斋诗集》，翻出了那两首《八十述怀》来细细研究。第一首全是泛泛的话，可以不论。第二首如下：

甲子重经又廿年，健全腰脚胜从前。论交差喜多名士，著录新成只短篇。春到东菑催力作，夏长北牖傲高眠。恬熙幸际承平日，与世无求便是仙。

我看出破绽来了,第五句有一条小注:"淄东有薄田数十亩。"我笑道:"这首诗是妄人假作的,蒲留仙决不会用'淄东'来注解'东菑'!"

于是我又细细翻读全部诗集,看见集中有许多聊斋的朋友的姓名,如王渔洋、王西庄、袁宣四、李约庵、焦石虹、毕公权、毕怡庵、邱行素、张历友……等等,每人都注有名号、籍贯、科举年分、官阶、著作等等。这些人确都是聊斋的朋友,注的又这样详悉清楚,我如何能说这部诗集是假造的呢?

我看下去,又发现了两件极有力的证据,真把我吓倒了!第一件是两首《己未除夕》的诗,有"三万六千场过半""五十知非遽伯玉"两句,都是五十岁的话。己未是康熙十八年(一六七九),依七十六岁的说法,聊斋那时只有四十岁。如果他那年已五十岁,他应该是崇祯三年(一六三〇)生的,死时八十六岁。岂不是八十六岁之说对了吗?

还有一件证据,是一首用苏东坡《石鼓歌》韵的长诗,诗题是

> 戊寅仲夏,时明府将赴沂州任,同人以诗赠者皆用坡公《石鼓歌》韵,予辞不获,因亦勉成一首,并送毕韦仲之黔、刘乾庵入都、沈燕及往九江。

这个诗题已够吓人了。诗中又有一条小注,说:

龄今年六十八矣。

戊寅是康熙三十七年（一六九八）。依七十六岁说，他只满了五十八岁。如果他那年满六十八岁了，那么他的生年应该提早十年，死时正是八十六岁了。

我看了这两条吓煞人的证据，很懊悔不该瞎疑心这部石印本诗集。我想，我的七十六岁说只好抛弃了。我请我家中住的胡鉴初先生（他正在研究蒲松龄的全部著作）来看这两条硬证，我说："我认输了。"他也情愿承认八十六岁的说法了。

可是，清华本和马本的《降辰哭母》诗中说的生年在庚辰的话，又怎么讲呢？难道"庚辰"是庚午（一六三〇）之误吗？这一个字的证据，怎么能抵敌那石印本的许多证据呢？

我的心终不死，忽然想起了《聊斋文集》里那篇刘孺人的《行实》，——这是三种本子同有的。《行实》说：

> 孺人刘氏，……父季调，……生四女子，孺人其次也。初松龄父处士公敏吾……嫡生男三，庶生男一，……松龄其第三子，十一岁未聘，（此依石印本。清华本及马本皆作"十余岁"。）闻刘公次女待字，媒通之。遂文定焉。顺治乙未（一六五五）间，讹传朝廷将选良家子充掖庭，人情汹动。刘公……亦从众送女诣婿家，时年十三。……

我看了这一段，又忍不住大笑了。我指给鉴初看，又翻开年表,我说:"刘孺人生于崇祯十六年(一六四三),是毫无可疑的。如果蒲松龄的生年要提早十岁,那么,他十一岁年当崇祯十三年(一六四〇),他的妻子还没有出世哩!她怎么会"'待字'呢?"

这一条新证据足够打倒石印本的那两条证据了。于是我对鉴初说:"石印本的诗集全是假造的,所以没有一首诗和清华本或马本相合。这位假造的人误信了那《墓表》的一个误字,深信聊斋活了八十六岁,所以假造那三首假诗,一首《八十述怀》,一首《己未除夕》,一首《戊寅仲夏》。这个人真了不得,他做了二百六十二首假诗来哄骗世人;许多诗是空泛的拟古之作,如《拟陶靖节移居》,如《拟杜荀鹤宫怨》,那是不相干的。但他又查出了聊斋的一些朋友,捏造了许多诗题,又加上了许多详细的注语,这些注语都好像有来历的,所以我们都被他瞒过了。"

鉴初还有点不相信。我说:"我要把这些姓字履历的注语的娘家,一条一条都查出来给你看。"我翻出一个诗题:

喜毕公权获解

注云:

毕名世持,淄川人,康熙十七年戊午解元。

我说,"这一条注,我记得清清楚楚是《聊斋志异·马介

甫》一篇的注语。"我到书架上寻出一部《聊斋志异》来,翻开《马介甫》一篇,果然有这一条:

毕公权名世持,淄川人,康熙戊午解元。

我又指一个诗题:

同毕怡庵绰然堂谈狐,时康熙二十一年腊月十九日夜也。

我说:"这个诗题也好像是《聊斋志异》上见过的。"鉴初和我两个人同翻《聊斋》,不到一会儿工夫,果然在《孤梦》一篇寻着了,原文是:

余友毕怡庵……
康熙二十一年腊月十九日,毕子与余抵足绰然堂,细述其异。……

我又指一个诗题:

袁宣四得古瓶,诗以艳之。有序。

序文凡一百四十三字,叙北村甲乙二人淘井得二古瓶的始末,一瓶入张秀才家,一瓶归宣四。我说:"这篇序也像是钞

《聊斋》的。"果然在卷十三寻得《古瓶》一篇，序文全是删节这一篇的。还有一条注，记袁宣四的履历，也被这位先生全采去作另一诗题的注语了。

不到一个半钟头，这石印本的诗题的注语差不多全在《聊斋志异》的注语里寻出来了。如李约庵和张历友的履历见于《志异》附录《淄川志小传》的注文，焦石虹的见于卷六《狐联》篇注，邱行素的见于卷十三《秦生》篇，张石年邑侯生祠事见于卷十三《王大》篇，"淄川古八景"的八个诗题全见于卷十四的《山市》篇的注文。——前后共寻出了十条证据，我可以下判决书了。判决的主文是：

审得有不知名的文人，钞袭了《聊斋志异》的文字和注文，并依据了张元所作蒲先生《墓表》的误字，捏造了蒲松龄和他的朋友们倡和的诗若干首，并且混入许多浮泛的拟古诗歌，总共捏造了二百六十二首歪诗，冒充《聊斋诗集》，石印贩卖，诈欺取财，证据确凿。

这案判决时，已近半夜了，我们都去睡了。今天早起，我又检查《山左诗钞》，才知道这位"被告"不但熟读《聊斋志异》，并且还采用了一些别的材料。石印本《诗集》有一篇"《杖头钱》，同历友作"，并附录张历友的原作《杖头钱》，张诗收入《山左诗钞》的第四十三卷。石印本又有《赠历友》两绝句：

选政亲操曰杜门,穷搜八代溯渊源。一编肪截传名著,高士同教两汉尊。

山左推君第一人,蒲轮空谷贱红尘。相嬉猿鹤轻轩冕,花落山房春复春。

诗后附注云:

历友学殖淹博,挥洒千言。同时诸前辈称为冠世之才,不虚也。试辄冠曹。时宫定山中丞为学使,以明经荐山左第一人,就京兆试,不遇,归而处昆仑山,不复出,杜门著书,有《八代诗选》《班范肪》《五代史肪截》《两汉高士赞》《昆仑山房集》等书,卓然可传。岂以名位之有无为轻重耶?

这一条注文,句句有来历,都见于《山左诗钞》卷四十三张笃庆(历友)的小传下的附录。自"宫定山中丞"以下到"杜门著书",是钞唐豹岩的《昆仑山人集序》;"学殖淹博,挥洒千言",是用《渔洋诗话》;所著书目五种是全钞卢见曾的跋语;只是"《班范肪截》"一个书名截去了一个"截"字。我疑心"被告"曾见过《山左诗钞》的第四十三卷的残本。

可是他决没有见着《山左诗钞》的全部。何以见得呢?《山左诗钞》卷四十五有蒲松龄的诗十一首。如果他见了此卷。他决不肯放过这十一首真诗。石印本《诗集》没有这十一首诗,可见他不曾见《山左诗钞》的全书。

我们现在可以推测"被告"为什么要捏造这部《聊斋诗集》。满清末年，上海国学扶轮社印出一部《聊斋集》，其中有文，有词，而没有诗。民国以来，此书久已绝版了。大概"被告"见了这部扶轮社本，嫌他太少，就捏造了一部诗集，又加入了两册来历不明的《聊斋笔记》，材料增添了一倍，凑成了六册的《聊斋全集》，就成了一部定价两元的大书了。《文集》中的《志异自序》和《词集》中的《惜余春慢》也是从《聊斋志异》钞入的。《笔记》目录后有黄珽的附记，自称是聊斋的儿子东石的门人，在尘笈中得着太夫子的笔录，整理为两卷。《笔记》中的材料无可供考据的。聊斋生四子，长名箬，有文名，不知是否字东石。

昨夜查《聊斋志异》时，我又寻得一条证据，证明聊斋七十六岁之说。《志异》卷十六有《折狱》两篇，皆记淄川知县费祎祉的事。费祎祉任淄川是顺治十五年（一六五八）到任的。聊斋自跋云：

我夫子有仁爱名，……方宰淄时，松裁弱冠，过蒙器许，而驽钝不才，竟以不舞之鹤为羊公辱。……

他生于崇祯十三年（一六四〇），到顺治十六年（一六五九）正是弱冠之年。这又可见八十六岁之说必不可信了。我的结论是：

蒲松龄生于崇祯十三年庚辰（一六四〇），死于康熙五十四年乙未正月二十二日（一七一五年二月二十五日），享年七十六岁。

压 迫

丁西林

纪念刘叔和

叔和：

　　这篇短剧是贡献给你的。这剧里主人的一种可爱的特性，是否受了你的暗示，我不敢说，但是这剧的情节，是由你发生的。去年的冬天——大约你还记得罢——你想离开我们，自己找房另住。有一天晚上，我们坐在火炉的旁边烤火，讲起这件事来，我们和你开玩笑，说你如果不结婚，你一定找不到房子。因为北京租房，要满足两个条件：一是有铺保，一是有家眷。那时我觉得这个题目很有趣味，对你说，我要替你写一篇短剧。这事已隔了一年多了。在这一年之内，多少次我想把这篇剧本写出，都没有成功。现在这篇剧本总算勉强脱稿，但是你已经死了！以前我写的那几篇试验的作品，都曾经先由你看过，然后发表。这一篇特别为你写的东西，反而得不着你的批评，这是很令人感伤的一件事。

　　这篇短剧不过是一种幻想。没有"问题"，也没有"教训"。然而因为你的死，他倒有了特别的意义。你是怎样死的，你知道么？你的病是瘟热病。你的死，是苍蝇咬死的。苍蝇不会咬人，但是，你住在医院的时候，你的朋友每次去看你，都要在你的床上，你的身上，你的牛奶杯上替你打死好多的苍蝇。你处在那种无人看护的情境，说你是苍蝇咬死的，总不算太理智罢。因此我想到，你真的找房的时候，如果能和这剧里的主人一样，遇到那样的一个富有同情的人，和你"联合起来"，去抵抗——不但"有产阶级的压迫"——社会上一切的压迫与欺侮，我相信，你是一定不会死的。

你是一个很有 humor 的人，一定不会怪我写一篇喜剧来纪念一个已死的朋友。我的生性是不悲观的，然而你可以相信，我写完了这篇剧本，思念到你，我感觉到的只是无限的凄凉与悲哀。

西林 一九二五年十二月七日

剧中人物

男客人

女客人

房东太太

老妈子

巡警

布景

一间中国旧式的房子。后面一门通院子，左右壁各一门通耳房。房的中间偏右方，一张方桌，四围几张小椅上铺了白布，中间放着一架煤油灯及茶具。偏左方，一张茶几，两张椅子，靠壁放着。

一张椅背上挂着一件雨衣,旁边放着一个手提的皮包。后面的左边靠墙放着一张类似洗脸架带有镜子的小桌,上面放着一个时钟及花瓶。屋内尚有其他的陈设,壁上还有一些字画,但都很简单而俭朴。

开幕时,一个粗呢洋服、长筒皮靴的男人坐在茶几旁边的一张椅上抽烟斗,一个老妈子立在门外,将手伸到屋檐的外边去试验有无雨点。

老妈:(走进屋来)雨倒不下了,怎么还不回来?(从桌上拿了茶壶,走到茶几边代客人倒茶)

男客:(不耐烦,站起)唉,你先弄一点东西来吃,好不好?

老妈:东西倒有在那里,不过这也得等太太回来。

男客:吃东西也得等太太回来?

老妈:(叹了一口气)是的,吃东西得等太太回来,房子的事情也得等太太回来。

男客:好吧,等太太回来吧。横竖是那么一回事,太太回来也是那样,太太不回来也是那样。(复坐下)

老妈:(摇头)看那样子,太太不像肯答应把这房子租给你。

男客:不把这房子租给我?谁叫她受我的定钱?

老妈:是的,那只怪小姐不好。其实——唉——太太的脾气也太古怪了。像你先生这样的人,有什么要紧?深更半夜,屋里有一个男人,还可以有个照应。

男客： 这房子以前有人租过没有？

老妈： 这房子已经空了有一年多了，也没有租出去。

男客： 这房子并不坏，为什么没有人要？

老妈： 没有人要？谁看了都说这房子好，都愿意租。这房子又干净，又显亮，前面还有那样的一个花园。

男客： 这样说为什么一年多没有租出去呢？

老妈： 你先生也不是外人，告诉你也没有什么要紧。你知道，我们的太太爱的就是打牌，一天到晚在外边。家里只有我和小姐两个人。有人来看房，都是小姐去招呼。有家眷的人，一提到太太、小孩，小姐就把他回了。没有家眷的人，小姐才答应。等到太太回来，一打听，说是没有家眷，太太就把他回了。这样不要说一年，就是十年，我看这房子也租不出去。

男客： 怎么，像这一回的事，以前已经有过？

老妈： 也不知有过多少次。每回租房，小姐都要和太太吵一次，不过平常小姐不敢做主，这一次她做主受了你先生的定钱，所以才生出这样的事来。

男客： 她如果早做主，这房子老早就租了出去。

老妈： 是的。不过平常租房的人，听说房子不能租给他们，他们也就没有话说，不像你先生这样的……

男客： 古怪，是不是？是的，你们太太的脾气太古怪了，我的脾气太古怪了，这一回两个古怪碰在一块儿，所以这事就不好办了。不过我也觉得这房子不坏，尤其是前面的那个小花园。

老妈： 看你先生的样子，一定也是爱清静的。这里一天到晚听不到一点嘈杂的声音,离你先生办事的地方又近,所以……我曾在那里替你先生想……

男客: 你替我想?

老妈: ……就说你先生是有家眷的,家眷要过几天才来,这样一说,太太一定可以答应把这房子租给你。

男客: 好了,如果过几天没有家眷来,怎样?

老妈: 住了些时,太太看了你先生什么都好,她也就不管了。

男客: 不行不行,一个人没有结婚,并没有犯罪,为什么连房子都租不得?

老妈: 喔,我不过觉得你先生这样地爱这房子,如果租不成功,心里一定不舒服,所以那么瞎想罢了,我原是不懂事的。——啊,这大概是太太回来了。(走到门口,高声)是太太么?(答应。外面)是的,在这儿。(走出,客人也站了起来少停,房东太太由后门走进,老妈跟在她的后面)

房东: 对不住,劳你等了。

男客: 我对你不住,打搅了你。我教你们的老妈子不要去惊动你,她没有听我的话。

房东: 那没有什么。(从一个皮夹里拿出一张票子)啊,这是你先生留下的定钱,请你收起来。

男客: 啊,对不住,我今天是到这边来住宿的,不是来讨定钱的。

房东: 怎么?昨天我不是对你说明白了么,说这房子不能租给你?

男客: 啊,是的,你说得很明白。

房东: 那么今天你还教人把行李送到这儿来是什么意思?

男客: (高兴得很)因为教我不要来是你说的,不是我说的,我并没有答应你说不来。我答应了没有?

房东: (渐渐地感到不快)你这话我真不大明白你的意思,好像是说这房子的租不租要由你答应,是不是?

男客: 喔,不是,这房子的租不租,自然是要由你答应。不过,既把房子租了给我,这房子的退不退,就得由我答应。你知道,现在这房子不是租不租的问题,是退不退的问题。

房东: (渐渐生起气来)我这房子是几时租给你的?

男客: 你既受了我的定钱,这房子就算租了给我。

房东: 真是碰到鬼,我几时受你的定钱?那是我的女儿,她不懂事。

男客: 不懂事?她又不是一个小孩子。

房东: 喔,现在这些废话都不必讲,我这房子并不是不租,我是要租一个有家眷的人,如果你先生有家眷来同住,我这房子租给你,我没有话说。

男客: 你这话说得毫无道理。你租房的时候,说明了要家眷没有?我骗了你没有?

房东: (改用和平的方法)租房的时候没有说,可是我昨天已经对你先生说过,我们家里没有一个男人……

男客: (停止她)唉,唉,我问你。你租房的时候,你家里有男人没有？为什么现在才想到？

房东：你这人一点道理不讲，我没有这许多工夫来和你争论。

老妈：（想做和事佬）喔，太太，今天时候也不早，天又下雨，现在要这位先生另外找房子，也不大方便，可不可以让这位先生暂时在这儿住一宵，明天再想旁的法子。

男客：（固执）不行！这话不是这样讲，如果我不租这房子，我即刻就走，既是受我的定钱了，这房子就非租我不可！

房东：那么我告诉你，你今晚非走不可！

男客：（冷笑了一声）哼！（坐了下来）

房东：（站到他的面前）你走不走？

男客：不走！

房东：王妈，去把巡警叫来。

老妈：喔，太太！

房东：你去叫巡警来。

男客：巡警来了又怎样？巡警也得讲理呀。

老妈：太太，我想……

房东：我教你去叫巡警去，你听见了没有？——你去不去？

老妈：好吧。（由后门走出）

房东：要他即刻就来！（由后门走出，用力将门一关）

男客：（没有了办法。袋里摸出烟包和烟斗，包里的烟又完了，从皮包里取出一个烟罐，开了一罐新烟，先把烟包装满了，然后装了烟斗。正想抽烟的时候，忽然来了敲门的声音，厉声地）进来！

（仍然背了门立着）

女客：（推开门，轻轻走进。身上着了一件雨衣，一手提了一只小皮包，一手拿了一把雨伞。一进门就开了口，一开了口就有不能停止的势力）啊！对不起，请你原谅。（男客人急转过身来，这时他才看见进来的是这样的一个人）这是很无理的，我知道，但是我没有办法，你们的大门没有关，我一连敲了好几下，都没有人答应，所以只好一直走进来。

男客：（气还未平，但没有忘记把衔在嘴里的烟斗拿下来放在桌上）你有什么事？

女客：我？我是到这边大成公司做事来的。今天刚从北京来，下午三点的车子，直到六点钟才到，九十里路，走了两个半钟头，你看！现在我要找一个住宿的地方，在火车站上，我打听了几个地址，一连走了三四家，都没有找到一间合用的房子。有人告诉我，说这边还有几间空房……

男客：（遇到了对头）啊，你是来租房的！

女客：是的。不知道这边的房子租出去了没有？

男客：（狠心地回答）你的运气不好，这房子刚刚租出去。

女客：啊，你说我运气不好，我的运气可真不好。碰到这样的天气，这乡下的路又不好走，你看，我一身的衣服都打湿了。两只脚步得发酸。（叹了一口气）唉。我可以借你们的凳子坐了歇一会儿么？

男客：对不起，请坐。（气全没有了）

女客：（放下皮包、雨伞）谢谢你。（坐在茶几里边的一张椅

上,向四边观察房里的一切)

男客:(引起了趣味,坐在方桌旁的一张小椅上)刚才你说你是到大成公司来做事的,不知道在那边担任的什么事?——啊,也许我不应该问。

女客: 不应该问?那有什么?这又不是不可以告诉人的事。前两个星期,他们在报上登了一个广告,要聘请一位书记。那个广告,什么报上都有,我想你一定看到的。

男客(点了一点头)

女客: 上星期五,他们又在报上登了一个启事,说:"敝公司拟聘书记一席,现已聘定,所有亲友寄来荐书,恕不一一作复,特此声明。"这个启事,你看见了没有?

男客(又点了一点头)

女客: 那位聘定的书记就是我。你没有想到吧?——你没有想到是一个女人吧?

男客: 这倒没有想到。

女客:(得意地很)不过现在怎么办呢?你替我想想,后天就要到公司里去接事,现在连住的地方还没有找到。从六点半钟一直到现在,就没有停脚。不瞒你说,我连饭还没吃呢。(起身整理了一回衣,走到镜子的前面洗脸)

男客:(好像很同情的样子)饭还没有吃?那怎么行?这一层说不定我或者可以帮助你。(起身倒了一杯茶)

女客: 谢谢你,我不过是告诉你。我不是来骗饭吃的。

男客: 喔,对不起!——好,请先喝一杯茶吧。

女客：谢谢。(复坐原处)

男客：(袋里摸出纸烟盒)你不抽烟吧?

女客：我不抽烟,不过我并不反对旁人抽烟。(喝了一口茶)

男客：谢谢你。(放回烟盒,收了烟斗,背转了身,燃火抽烟)

女客：(摸到她的脚)喔,天呀!你看我的这双脚,还像是人的脚么?……

男客：(急转过身来)怎么样?

女客：不仅是水,连泥都走进去了!

男客：(殷勤起来)那真糟。要不要换袜子?如果要换袜子,我可以走到外边去。

女客：谢谢你,我不要换袜子,就是换袜子,也用不着把你赶到外边去。

男客：不要紧,如果袜子没有带,我还可以借你一双。

女客：谢谢你,你的好意我很感激,不过换它有什么用处?反正是要到水里走去的。

男客：要到水里走去?——干吗要到水里走去?

女客：不到水里走有什么办法?这样漆黑的天,一到街上,你还分得出哪里是水哪里是路来么?

男客(如有所思)

女客：(又喝了一口茶,叹了一口气,起身告辞)啊,打搅了你,对不住得很。(拿了皮包、雨伞,预备走出)

男客：(阻止她)不用忙,再歇一会儿。——刚才你说,你是要租房的,是不是?

女客：（面向了他）怎么！我说了半天，你还没有听懂么？

男客：听是听懂了。不过……唉，你看这三间房子怎么样？

女客：怎么，你不是说已经租出去了么？（放下皮包）

男客：租是租出去了，不过也许可以让给你。

女客：（高兴起来）可以让给我？真的么？（放下雨伞）

男客：自然是真的。（又替她倒好了一杯茶）

女客：（坐下，接了茶）谢谢。不过为什么可以让给我？是不是这房子如果我愿租，你就可以不租给那个人？

男客（摇头）

女客：不然，你刚才说的是句谎话，这房子就没有租出去？

男客：不，我说的是实话。这房子是已经租出了。现在也不是不租给那个人。我说可以让给你，是说已经租好这房的那个人，自己愿意让给你。

女客：那我可不明白。为什么那个人愿意把房子让给我？他连见都没有见过我，为什么要把房子让给我？

男客：那你不用管。

女客：这房子闹鬼不闹鬼？

男客：怎么，难道你怕鬼么？

女客：喔，我是不怕鬼的，我说也许那个人怕鬼。

男客：喔，那个人也是不怕鬼的。……不管有鬼没有鬼，让我们来看看房子，好不好？（从桌上拿了灯引她看房）这是一间睡房。（开了右壁的门，让她走进）芦苇的顶篷，洋灰地，洋灰床，现成的铺盖。窗子外面是一个小小的花园。一清早就可听到鸟的声音。白天撩开窗帘，满屋里都是太阳。(*女客人走出。又把她引到右边的耳房*)这边也是一个睡房。铺盖、家具也都是现成。房间的大小，和那边一样。就是光线差一点。一个人住的时候，这里可以做睡房，那边可以做书房。(*女客人走出*)中间可以吃饭、会客。(*放下灯*)这屋子又干净，又显亮，一天到晚，听不到一点嘈杂的声音。这里离你办事的地方又近。我看这房子是于你再合式没有了。

女客：这三间房子租多少钱？(*坐下*)

男客：喔，便宜得很。这样的三间房子，只租五块钱一月。

女客：房子倒不错，房价也不贵。(*想了一想*)这房子真的可以让给我吗？

男客：自然是真的，为什么要骗你？

女客：不过今晚就来住，总不行吧？

男客：行，行。(*好像忽然想起一件事来*)不过……你结了婚没有？

女客：(*跳了起来，挺了胸脯，竖起眉毛*)什么！

男客：(*还要补一句*)你结了婚没有？

女客：(*怒了*)你这话问地太无道理！

男客：太无道理？

女客：简直是一种侮辱！

男客：(*高兴起来*)"侮辱"，对了，一点都不错，我也是这样说。但是现在有房出租的人，似乎最重要的是先要知道你结婚没有。

女客：我结婚没有,干你什么事?

男客：是的,一点都不错,我结婚没有,干她们什么事?可是她们一定要问,你说奇怪不奇怪?

女客：我完全不懂你的意思。

男客：谁说你懂?你自然不懂我的意思。不过你不要性急,让我告诉你,你就会懂。——刚才你说,你是到这边大成公司来做事的,是不是?……

女客：你这人的记忆力真坏,怎么刚说过了的话,即刻就忘了。

男客：不要生气。我不过是告诉你,我也是到这边大成公司来做事的。

女客：你也是到大成来做事的?

男客：是的。你没有想到吧?

女客：你在大成做什么事?

男客：我在这边当工程师。

女客：这样说,你并不是这里的房东?

男客：谁说我是这里的房东?我说了我是这里的房东没有?你看我的样子,像一个房东么?

女客：（抢着说）啊,我知道了!你是这里的房客!这三间房子是你租的,现在你觉得不合式,想把它退了。

男客：想把它退了!谁说我想把它退了?

女客：刚才你不是说这房子可以让给我的么?

男客：是的,我是说可以让,没有说要退。

女客：那我更加不明白了,你既不想退,为什么要让呢?

男客：你真的不明白么?

女客：真的不明白。(坐下)

男客：因为——我看了你……喔,不是,因为房东不肯租给我房。

女客：为什么房东不肯租给你?

男客：啊,就是这婚姻的问题。现在我们讲到题目上来了。一星期以前,我到这里来看房子,碰到了房东小姐。一见了我,她就盘问我,问我有没有老太太,有没有小孩子,有没有兄弟姐妹,直等到我明明白白地告诉了她我是没有结过婚,她才满了意。连房价也没有多讲,她就答应了把房子租给我。

女客：懂么?她一定知道了你是一个工程师,她想嫁给你!

男客：真的么?这我倒没有想到。——昨天下午,我到这里来的时候,她们老太太告诉我,说如果我没有家眷来同住,她这房子不能租给我。她明明知道我没有家眷,她把这话来要挟我,你说可恶不可恶?

女客：为什么没有家眷来同住,这房子就不能租给你?

男客：我不知道啊。她说她们家里没有男人。

女客：笑话。

男客：这简直是一种侮辱,是不是?

女客：是的。——后来怎么样?

男客：后来我把她教训了一顿。

女客：她明白了这个道理没有?

男客：明白了这个道理?一个人一过了四十岁,他脑子里就已经装满了旧的道理，再也没有地方装新的道理，我告诉你。

女客：现在怎么样？

男客：现在？现在我不走！

女客：她呢？

男客：她？她去叫巡警。

女客：叫巡警？叫巡警来干什么？

男客：叫巡警来撵我！

女客：真的么？

男客：为什么要骗你？你如果不相信，等一会儿巡警就要来，你自己看好了。

女客：这倒是怪有趣的事。不过巡警如果真的要撵你，你怎么样？

男客：你没有来以前，我不知道怎样。现在我有了主意。

女客：你预备怎样？

男客：我把巡警痛打一顿，让他把我带到巡警局里去，教房东把房子租给你。这样一来，我们两个人就都有了住宿的地方。

女客：那不行。（若有所思）

男客：那为什么不行？

女客：你还是没有出那口气。——唉，我倒有个主意。

男客：你有什么主意？

女客：（少顷）让我来做你的太太，好不好？

男客：什么？

女客：喔，你不用吓得那么样，我不是向你求婚。

男客：喔，你误会了我的意思，——我——我——因为我实在没有想到这个方法。

女客：这是最妙的一个方法。她说你没有家眷同住，这房子就不能租给你。现在你说你有了家眷，看她还有什么话说？

男客：她一定没有话说。不过——你愿意么？

女客：我为什么不愿意？这于我有什么损害？——又不是真的做你的太太。

男客：喔，谢谢你！

女客：你不要把我意思弄错。我不是说做了你的太太，我就有什么损害，那完全是另外一个问题。

男客：是的，那完全是另外一个问题。不过你帮我把租房的这个问题解决了，我总应该向你道谢。

女客：嗤！道谢，无产阶级的人，受了有产阶级的压迫，应当联合起来抵抗他们。（侧耳静听）

男客：不错，不错。

女客：我听见有人说话。

男客：那一定是巡警！（急促地）唉，不过我已经说过我没有家眷的，现在怎么对她们讲？

女客：就说我们吵了嘴，你是逃出来的，不愿意给人知道……

男客：（巡警已经走到门外，急忙地点了一点头，教她不要再讲话）吁！（男客人坐在方桌边，装作生气的样子。女客人坐在茶几旁边。后门由外推开，走进一个巡警，手里提了一个风灯，后面跟了老妈子和房东太太。她们看见房里来了一个女人，非常地惊讶。房里来的这个女人，见她们来了，起了一回身，向她们行了一个很谦和的礼。巡警将风灯放在桌上，与那位生气的先生行了一礼）

巡警： 你贵姓？

男客： （不客气地）我姓吴。

巡警： （把头点了一点）喔。——府上是？

男客： 府上？我没有府上。

女客： （起始做起受了委屈的太太来）啊，你是拿定主意不要家了，是不是？

巡警： （注意到插嘴的人，向男客人）这位……贵姓是？

男客： （答不出，看了女客人一眼。女客也正在代他为难。他只好起始做起依旧赌气的丈夫来）我不知道。你问她自己好了。

巡警： （真的问她自己）你贵姓？

女客： （很高兴地）我？我……也姓吴。

巡警： 喔，你也姓吴。

女客： 是的。

巡警： （也想不出别的话）府上是？

女客： 我？我住在北京西四牌楼太平胡同关帝庙对面，门牌三百七十五号，电话西局四千六百九十二。——啊，你把它写下来吧，等一会儿你一定要忘记。

巡警： （真的摸出一本小簿子来）北京……（写字）

女客： 西四牌楼太平胡同，（让巡警写）关帝庙对面。

巡警： 门牌多少？

压迫

女客：三百七十五号。电话西局——四千——六百——九十二。

巡警：（写完了）谢谢你。（藏好了簿子，又转到男客）你是来这边租房的，是不是？

男客：不是！我是来这边住宿的。这房子我老早就租好了。

巡警：（难住了。没有了办法，又转到女客）你是来这边？……

女客：我！我是来这边找人的。

房东：（不能再忍耐了）你到这边找什么人？

女客：（很客气地向她点了一点头）我到这边来找我的男人。

房东：找你的男人？谁是你的男人？

女客：我想你应该知道吧？——你既把房子都租了给他。

房东：怎么！这位先生是你的男人么？

女客：我不知道。你问他好了，看他承认不承认？

老妈：（也不能再忍耐了）太太，你看怎么样！我老早就对你说过，这位先生一定是有太太的，您不信。

巡警：（糊涂了）怎么？刚才你们不是说这位先生没有家眷，怎么现在他又有了家眷？

老妈：不要糊涂吧，刚才这位太太还没来，我们怎么会知道？如果这位太太早来这里，还可以省了我在雨地里走一趟呢。

女客：对你不住。这实在不能怪我，五点钟的车子，六点半钟才到这里。

老妈：请您不要多心。我不过是说他太不懂事。

巡警：这话可得要说明白了。太太要我到这边来，是说这位先生租了三间房子，要一个人在这边住。这屋里住的都是堂客，他先生一个人在这边住，很不方便，是那么个意思。现在这位先生的太太既是来了，这事就好办。如果太太是和先生在这边同住，那就没有我的事，如果太太不在这边住，这件事还得……

老妈：不要瞎说吧。太太自然是在这边住。——你一看还不知道——先生和太太不过是为了一点小事，闹了一点意见，你不来劝解劝解，还来说那样的话。太太不在这边住，到哪里住去？——好了，现在没有你的事了，你赶紧回去打你的牌去吧。（把风灯送到他手里）走！走！

巡警：这样说，那就没有我的事了。好了，再见，再见。

女客：再见。你放心好了，哪一天我不在这里住的时候，我通知你就是了。

巡警：对不起，打搅，打搅。

（巡警走出。老妈兴高采烈地拿了茶壶走出。房东太太承认了失败，看了她的客人一眼，也只好板了面孔走出）

男客：（关上门，想起了一个老早就应该问而还没有问的问题，忽然转过头来）啊，你姓什么？

女客：我——啊——我——

（幕下）

窗子以外

林徽因

话从哪里说起？等到你要说话，什么话都是那样渺茫的找不到个源头。

此刻，就在我眼帘底下坐着是四个乡下人的背影：一个头上包着黯黑的白布，两个褪色的蓝布，又一个光头。他们支起膝盖，半蹲半坐的，在溪沿的短墙上休息。每人手里一件简单的东西：一个是白木棒，一个篮子，那两个在树荫底下我看不清楚。无疑的他们已经走了许多路，再过一刻，抽完一筒旱烟以后，还要走许多路的。兰花烟的香味，频频随着微风，袭到我官觉上来，还有几段山西梆子的声调，在模糊中，虽然那四个人坐的地方是在我廊子的铁纱窗以外。

铁纱窗以外，话可不就在这里了。永远是窗子以外，不是铁纱窗就是玻璃窗，总而言之，窗子以外。

所有活动的颜色声音，生的滋味，全在那里的，你并不是不能看到，只不过是永远的在你窗子以外罢了。多少百里的平原土地，多少区域的起伏的山峦，昨天由窗子外映进你的眼帘，那是多少生命日夜在活动着的所在；每一根青的什么麦黍，都有人流过汗；每一根黄的什么米粟，都有人吃去。其间还有的是周折,是热闹,是紧张。可是你则并不一定能看见,因为那所有的周折、热闹、紧张,全都在你窗子以外展演着。

　　在家里罢,你坐在书房里,窗子以外的景物本就有限。那里两树马缨,几棵丁香,榆叶梅横出风雅的一大枝,海棠因为缺乏阳光,每年只开个两三朵,早就叶子上满是虫蚁吃的创痕,还卷着一点焦黄的边。廊子幽秀的开着扇子式的、梅花式的、六边形的格子窗,透过外院的日光和外院的杂音。什么送煤的来了,偶然你看到一个两个被煤炭染成黔黑的脸;什么米送到了,一个人掮着一大口袋在背上,慢慢踱过屏门;还有自来水、电灯、电话公司来收账的,胸口斜挂着皮口袋,手里推着一辆自行车;更有时厨子来个朋友了,满脸的笑容,"好呀,好呀"的走进门房;什么赵妈的丈夫来拿钱了,那是每月一号一点都不差的,早来了你就听到两个人争吵的声浪。那里不是没有颜色、声音、生的一切活动,只是他们和你总隔个窗子,——扇子式的、六边形的、纱的、玻璃的!

　　你气闷了把笔一搁说,这叫做什么生活!你站起来,穿上不能算太贵的鞋袜,但这双鞋和袜的价钱也就比——想它做什么,反正有人每月的工资,一定只有这价钱的一半乃至于更少的。你出去雇洋车了,拉车的嘴里所讨的价钱当然是要比例价高得多,难道你就傻子似的答应下来?不,三十二子,拉就拉,不拉,拉倒!心里也明白,如果真要充内行,你就该说,二十六子,拉就拉——但是你好意思争!

　　车开始辗动了,世界仍然在你窗子以外。长长的一条胡同,一个个大门紧紧的关着。就是有开的,那也只是露出一角,隐约可以看到里面有南瓜棚子,底下一个女的,坐在小凳上缝缝做做的;另一个,扒住还不能走路的小孩子,伸出头来喊那过路卖白菜的。至于白菜是多少钱一斤,那你是听不见了,车子早已拉得老远,并且你也无需乎知道的。在你每月费用之中,伙食是一定占去若干的。在那一笔伙食费里,白菜又是多么小的一个数。难道你知道了门口卖的白菜多少钱一斤,你真把你哭丧着脸的厨子叫来申斥一顿,告诉他每一斤白菜他多开了你一个"大子儿"?

车越走越远了,前面正碰着粪车,立刻你拿出手绢来,皱着眉,把鼻子蒙得紧紧的,心里不知怨谁好。怨天做的事太古怪,好好的美丽的稻麦却需要粪来浇!怨乡下人太不怕臭,不怕脏,发明那么两个篮子,放在鼻前手车上,推着慢慢走!你怨市里行政人员不认真办事,如此脏臭不卫生的旧习不能改良,十余年来对这粪车难道真无办法?为着强烈的臭气隔着你窗子还不够远,因此你想到社会卫生事业如何还办不好。

路渐渐好起来,前面墙高高的是个大衙门。这里你简直不止隔着个窗子,这一带高高的墙是不通风的。你不懂里面有多少办事员,办的都是什么事;多少浓眉大眼,对着乡下人做买卖的吆喝诈取;多少个又是脸黄黄的可怜虫,混半碗饭分给一家子吃。自欺欺人,里面天天演的到底是什么把戏?但是如果里面真有两三个人拼了命在那里奋斗,为许多人争一点便利和公道,你也无从知道!

到了热闹的大街了,你仍然像在特别包厢里看戏一样,本身不会，也不必参加那出戏；倚在栏杆上，你在审美的领略，你有的是一片闲暇。但是如果这里洋车夫问你在哪里下来，你会吃一惊，仓卒不知所答。生活所最必需的你并不缺乏什么，你这出来就也是不必需的活动。

偶一抬头，看到街心和对街铺子前面那些人，他们都是急急忙忙的，在时间金钱的限制下采办他们生活所必需的。两个女人手忙脚乱的在监督着店里的伙计称秤。二斤四两，二斤四两的什么东西，且不必去管，反正由那两个女人的认真的神气上面看去，必是非同小可，性命交关的货物。并且如果少一点时，那两个女人为那点吃亏的分量必定感到重大的痛苦；如果称得多时，那伙计又知道这年头那损失在东家方面真不能算小。于是那两边的争持是热烈的，必需的，大家声音都高一点；女人脸上呈玫瑰红色，头发披下了一缕，又用手抓上去；伙计则维持着客气，口里嚷着：错不了，错不了！

热烈的，必需的，在车马纷纭的街心里，忽然由你车边冲出来两个人：男的，女的，各各提起两脚快跑。这又是干什么的，你心里奇怪着。电车正在拐大弯，那两人原由轨道旁边擦过去，一边追着，一边向电车上卖票的说话。电车是不容易赶的，你在洋车上真不禁替那街心里奔走赶电车的担心。但是你也知道如果这趟没赶上，他们就可以在街旁站个半点来钟，那些宁可望穿秋水不雇洋车的人，也就是因为他们的生活而必须计较和节省到洋车同电车价钱上那相差的数目。

此刻洋车跑得很快，你心里继续着疑问你出来的目的，到底采办一些什么必需的货物。眼看着男男女女挤在市场里面，门首出来一个又进去一个，手里都是持着包包裹裹，包裹里边虽然不会全是他们当日所必需的，但是如果当中夹着一盒稍微奢侈的物品，则亦必是他们生活中间闪着亮光的一个愉快！你不是听见那人说么？里面草帽，一块八毛五，贵倒贵点，可是"真不赖"！他提一提帽盒向着打招呼的朋友，他摸一摸他那剃得光整的脑袋，微笑充满了他全个脸。那时那一点迸射着光闪的愉快，当然的归属于他享受，没有一点疑问，因为天知道，这一年中他多少次的克己省俭，使他赚来这一次美满的、大胆的奢侈！

那点子奢侈在那人身上所发生的喜悦，在你身上却完全失掉作用，没有闪一星星亮光的希望！你想，整年整月你所花费的，和你那窗子以外的周围生活程度一比较，严格算来，可不都是非常靡费的用途？每奢侈一次，你心上只有多难过一次，所以车子经过的那些玻璃窗口，只有使你更惶恐、更空洞、更怀疑，前后彷徨不着边际。并且看了店里那些形形色色的货物，除非你真是傻子，难道不晓得它们多半是由那一国工厂里制造出来的！奢侈是不能给你愉快的，它只有要加增你的戒惧烦恼。每一尺好看点的纱料，每一件新鲜点的工艺品！

你诅咒着城市生活，不自然的城市生活！检点行装说，走了，走了；这沉闷没有生气的生活，实在受不了，我要换个样子过生活。健康的旅行既可以看看山水古刹的名胜，又可以知道点内地纯朴的人情风俗。走了，走了，天气还不算太坏，就是走他一个月六礼拜也是值得的。

没想到不管你走到哪里，你永远免不了坐在窗子以内的。不错，许多时髦的学者常常骄傲地带上"考察"的神气，架上科学的眼镜，偶然走到那里一个陌生的地方瞭望，但那无形中的窗子是仍然存在的。不信，你检查他们的行李，有谁不带着罐头食品、帆布床，以及别的证明你还在你窗子以内的种种零星用品，你再摸一摸他们的皮包，那里少不了有些钞票；一到一个地方，你有的是一个提拎的小小世界。不管你的窗子朝向哪里望，所看到的多半则仍是在你窗子以外，隔层玻璃，或是铁纱！隐隐约约你看到一些颜色，听到一些声音，如果你私下满足了，那也没有什么，只有千万别高兴起来说什么接触了认识了若干事物人情，天知道那是罪过！洋鬼子们的一些浅薄，千万学不得。

你是仍然坐在窗子以内的，不是火车的窗子，汽车的窗子，就是客栈逆旅的窗子，再不然就是你自己无形中习惯的窗子，把你搁在里面。接触和认识实在谈不到，得天独厚的闲暇生活先不容你。一样是旅行，如果你背上背的不是照相机而是一点做买卖的小血本，你就需要全副的精神来走路：你得留神投宿的地方；你得计算一路上每吃一次烧饼和几颗沙果的钱；遇着同行的战战兢兢地打招呼，互相捧出诚意，遇着困难时好互相关照帮忙；到了一个地方你是真带着整个血肉的身体到处碰运气，紧张的境遇不容你不奋斗，不与其他的奋斗的血和肉的接触，直到经验使得你认识。

前日公共汽车里一列辛苦的脸，那些谈话里面就有很多生活的分量。陕西过来做生意的老头和那旁坐的一股客气，是不得已的；由交城下车的客人执着红锡包纸烟递到汽车行管事手里也是有多少理由的；穿棉背心的老太婆默默地挟住一个蓝布包袱、一个钱包，是在用尽她的全副本领的。果然到了冀村，她错过站头，还亏别个客人替她要求车夫，将汽车退行两里路，她还不大相信的望着那村站，口里噜苏着这地方和上次如何两样了。开车的一面发牢骚一面爬到车顶替老太婆拿行李，经验使得他有一种涵养，行旅中少不了有认不得路的老太太。这个道理全世界是一样的。伦敦警察之所以特别和蔼，也是从迷路的老太太孩子们身上得来的。

话说了这许多，你仍然在廊子底下坐着，窗外送来溪流的喧响，兰花烟气味早已消失，四个乡下人这时候当已到了上流庆和义磨坊前面。昨天那里磨坊的伙计很好笑的满脸挂着面粉，让你看着磨坊的构造，坊下的木轮，屋里旋转着的石碾，又在高低的院落里，带你来回看你所不经见的农具，鉴赏院中一棵老槐、一丛鲜艳的杂花、一条曲曲折折引水的沟渠。伙计和气的伴着说闲话，他用着山西口音告诉你，那里一年可出五千多包的面粉，每包的价钱约略两块多钱。又说这十几年来，这一带因为山水忽然少了，磨坊关闭了多少家，外国人都把那些磨坊租去作他们避暑的别墅。惭愧的你说，你就是住在一个磨坊里面，心里更明白时代将一个日夜磨粉的磨坊，改成一个悠闲的别墅，那转变的中间，是最少不了添设了几个窗子蒙上玻璃或铁纱。这也就是你同那四个乡下人的距离！

磨坊伙计却仍然和气的脸上堆起微笑，让面粉一星星在日光下映着，说认得原来你所租的磨坊主人，一个外国牧师。这人在这村里住过许多年，村子里人和他还都有好感情。并且好感的由来还有实证。就是那一天早上你无意中出去探古寻胜，走到山上一个小村的关帝庙里，看到一个铁磬，刻着万历年号。据说原来是万历赐这村里庆成王的后人的，不知怎样流落到卖古董的手里。七年前让这牧师买去，晚上打着玩，嘹亮的磬声被村人听到，急忙赶来打听，要凑原价买回，情辞恳切，说起这是他们吕姓的祖传宝物，决不能让它流落出境。这牧师于是真个把铁磬还了他们，从此便在关帝庙神前供着。

这样一来，你的窗子前面便展开了一张浪漫的图画，打动了你的好奇，管它是隔一层或两层窗子，你也忍不住要打听点底细，怎么明庆成王是永乐的弟弟，这赵庄村里都是他的后代？不过就是因为他们记得太清楚了，另一朝的皇帝都有些老大不放心，雍正间诏令他们改姓，由朱姓改为吕姓，但是他们还有用二十字排行的方法，使得他们不会弄错他们是这一脉子孙。

你有点心跳了，昨天你雇来那打水洗衣服的不也是赵庄村来的？并且还姓吕！果然那土头土脑圆脸大眼的少年是个皇裔贵族，真是有失尊敬了。那么这村子一定穷得不得了，但事实上则不见得。

田亩一片，年年收成也不坏。家家户户门口有特种围墙，像个小小堡垒。屋子里面有大漆衣柜衣箱，柜门上白铜擦得亮亮；炕上棉被红红绿绿也颇鲜艳。可是据说关帝庙里已有四年没有唱戏了，虽然戏台还高巍巍的对着正殿。村子这几年穷了，有一位王孙告诉你，唱戏太花钱，尤其是上边使钱。这里到底是隔个窗子，你不懂了，一样年年好收成，为什么这几年村子穷了，只模模糊糊听到什么军队驻了三年多，更不懂的是，村子一年辛苦后的娱乐，关帝庙里唱唱戏，得向上面使钱？既然隔个窗子听不明白，你就通气点，别尽管问了。

　　隔着一个窗子你还想明白多少事？昨天雇来吕姓倒水，今天又学洋鬼子东逛西逛，跑到下面养有鸡羊，上面挂有"武魁"匾额的人家，让他们用你不懂得的乡音招呼你吃茶，炕上坐，坐了半天出到门口，和那送客的女人周旋客气了一回，才恍然大悟，她就是替你倒脏水洗衣裳的吕姓王孙的妈，前晚还送饼到你家来过！

　　这里你迷糊了。算了算了！你简直老老实实的坐在你窗子里得了，窗子以外的事，你看了多少也是枉然，大半你是不明白，也不会明白的。

咬文嚼字
朱光潜

郭沫若先生的剧本《屈原》里婵娟骂宋玉说:"你是没有骨气的文人!"上演时,他自己在台下听,觉得这话不够味,想在"没有骨气的"下面加"无耻的"三个字。有一位演员提醒他,把"你是"不如改成"你这"。"你这没有骨气的文人!"就够味了。他觉得"这"字改得很恰当。他考虑这两种语法作用的不同,以为"你是什么"只是单纯的叙述语,没有更多的意义,有时或许竟会"不是";"你这什么"便是坚决的判断,而且还必须有附带语省略了。根据这种道理,他把另一篇文章里"你有革命家的风度"一句话改为"你这革命家的风度"。(据《文学创作》第四期郭沫若《札记四则》"一字之师"条)

这是炼字的一个很好的实例。我们不妨从这个实例下手,来把炼字的道理研究一番。那位演员把"是"改为"这",的确是改得好。不过郭先生如果记得《水浒》,就会明白一般民众骂人都用"你这什么"的语法。石秀骂梁中书说:"你这与奴才做奴才的奴才!"杨雄醉骂潘巧云说:"你这贱人!你这淫妇!你这你这大虫口里流涎!你这你这……"一口气就骂了六个"你这"。看这些实例,"你这什么"倒不仅是"坚决的判断",而是带有极端憎恶的惊叹语，表现着强烈的情感。"你是什么"便只是不带情感的判断，纵有情感也不能在文字本身上见出来。不过它也不一定就是"单纯的叙述语"，没有更多的含义。《红楼梦》里茗烟骂金荣说："你是个好小子，出来动一动你茗大爷！"这里"你是"含有假定语气，也带有一点讥刺的意味。如果改成"你这好小子"，神情就完全不对了。所以我们不能凭空断定"你这"式语法在任何事例中都比"你是"式语法都来得更有力。郭先生因为"你这"在骂宋玉那一句话里够味，就把"你有革命家的风度"改为"你这革命家的风度"，似乎改得并不很妥贴。"你这"式语法大半表现切齿痛恨，用在赞扬语里就不很称。并且"你这没有骨气的文人"在文法上是代名词与名词平行，合起来做一个称呼，根本不是一个句子；"你有革命家的风度"原是一个叙述句，"有"改为"这"，上下不能平行，而且"风度"就须变成主词，下文还须动词才能成句。在中文习惯中表示所有格的"的"字有时省略，例如"看你那副面孔"，"你"下面省去"的"字。如果郭先生是沿用这个语法，上句就变成"你的革命家的风度"那也很不顺畅，"这"字就是多余的。如果"你"和"这革命家"平行合成一个叙述句的主词，那就失去惊叹的意味，也不见得比你"有"好。

　　这番话不免噜苏，但是噜苏有噜苏的用意。我们原是在咬文嚼字，要咬文嚼字，就非这样锱铢必较不可。咬文嚼字有时候是一个坏习惯，所以这个成语在中文的含义不很好听。但是在文学，无论阅读还是写作，我们必须有一字不肯放松的谨严。

文学借文字表现思想情感，文字上面有含糊，就显出思想没有透彻，或是情感没有凝炼。咬文嚼字，在表面上像只是斟酌文字的分量，在实际上就是调整思想和情感。从来没有一句话换一个说法而意味仍完全是一样的。《史记》记李广射虎："李广见草中石，以为虎而射之，中石没镞。视之，石也。因复更射，终不能复入石矣。"这本是一段好文章，王若虚在《史记辨惑》里却要改它。他说："凡多三石字。当云：'以为虎而射之，没镞，既知其石，因复更射，终不能入。'或云：'尝见草中有虎，射之没镞，视之，石也。'"表面上改的似乎简洁些，实在不是那一回事。"见草中石以为虎"并非"见草中有虎"。"视之石也"，有发现错误而惊讶的意味，"既知其石"便失去这意味。"终不能复入石矣"有失望而放弃得很斩截的意味，"终不能入"便不能表出这点神韵。这种分别稍有点文字敏感的人，细心玩索一番，就会明白。

　　许多人对于文字和思想情感的密切关系根本不了解，以为更改一两个字不过是要文字顺畅些或是漂亮些。对于思想情感不发生多大影响。他们不知道更动了文字就同时更动了思想情感。形式随内容变，内容也可以随形式变。姑举一个人人都知道的例子来说。韩愈在月夜里碰见贾岛吟诗，听到他吟的是"鸟宿池边树，僧推月下门"，劝他把"推"字改成"敲"字。这段文字因缘，古今传为美谈，于是今人要把"咬文嚼字"的意思说得好听一点，都说"推敲"。古今人也都赞赏"敲"字比"推"字下得好。其实这不仅是文字上的分别，尤其是意境上的分别。

"推"固然显得鲁莽一点,但是它表示孤僧步月归寺,门原来是他自己掩的,于今他推。他须自掩自推,足见寺里只有他孤零零的一个和尚。在这冷寂的场合,他有兴致出来步月,兴尽而返,独往独来,自在无碍,他也自有一副胸襟气度。"敲"就显得他拘礼些,也就显得寺里有人应门。他仿佛是乘月夜访友,他自己不甘寂寞,那寺里假如不是热闹场合,至少也有一些温暖的人情。比较起来,"敲"的空气没有"推"的那么冷寂。就上句"鸟宿池边树"看来,"推"似乎比"敲"要调和些。"推"可以无声,"敲"就不免剥剥有声,惊醒了宿鸟,也似乎打破了沉寂,频添了损害。所以我很怀疑韩愈的修改是否真如古今所称赏的那么妥当。究竟哪一种意境是贾岛当时在心里玩索而要表现的,只有他自己知道。如果他想到"推"而下"敲"字,或是想到"敲"而下"推"字,我认为那是不可能的事。所以问题不在"推"字和"敲"字哪一个比较恰当,而在哪一种境界是他当时所要说的而且与全诗调和的。在文字上"推敲",骨子里实在是在思想情感上"推敲"。

  无论是阅读或是写作,字的难处在意义的确定与控制。字有直指的意义,有联想的意义。比如说"烟",它的直指的意义见过燃烧体冒烟的人都会明白。只是它的联想的意义迷离不易捉摸,它可以联想到燃烧弹、鸦片烟榻、庙里焚香、"一川烟水"、"杨柳万条烟"、"烟光凝而暮山紫"、"蓝田日暖玉生烟"……种种境界。直指的字义有如月轮,联想的字义有如轮外圆晕、晕外霞光。这晕和霞光的大小浓淡,随人、随时、随地而各有不同，变化莫测。字的意义是否丰富，就看它在民族或个人的历史上所造成的联想多少。一个字在中国文里意义和在外国文里意义决不能完全相同。"烟""柳""秋""寺""鹧鸪""王昭君""玉门关"之类的字，对于西方人的人，Heaven、Rose、Nightingale、Sea、Castle、Lamp、Fire-side之类的字，对于我们中国人，都不免有些隔膜。因为这个道理文学不易翻译，译文总抵不上原文；也因为这个道理，用字在文学中是难事。科学的文字愈限于直指的意义就愈精确，文学的文字有时却必须顾到联想的意义，尤其是在诗方面。直指的意义易用，联想的意义却难用。因为一个是固定的，一个是游离的。既是游离的，它就不容易控制；而且它可以使意义丰富，也可以使意义支离含糊。比如说苏东坡的《惠山烹小龙团》诗里三四两句"独携天上小团月，来试人间第二泉"，"天上小团月"是由"小龙团"茶联想起来的，如果你不知道这个关联，原文就简直不通。如果你不了解月照着泉水和茶泡在泉水里那一点共同的情沁肺腑的意味，也就失去原文的妙处。就在这种不即不离若隐若现之中，它比用"惠山泉水泡小龙团茶"一句直指的意义来得丰富，也来得含混。难处就在于含混中显得丰富。由"独携小龙团，来试惠山泉"变成"独携天上小团月，来试人间第二泉"，这是点铁成金。文学之所以为文学就在这一点生发上面。

　　这是一个善用联想字义的例子。但是联想字义也是最易误用而生流弊。联想起于习惯，习惯老是欢喜走熟路。熟路抵抗力最低，引诱性最大。一人走过，人人就跟着走，愈走就愈平滑俗滥，没有一点新奇的意味。字被人用得太滥也是如此。从前做诗文的人都倚靠《文料触机》《幼学琼林》《事类统编》之类书籍，要找词藻典故，都到这些书里去乞灵。美人都是"柳腰桃面""王嫱西施"，才子都是"学富五车，才高八斗"；谈风景必是"春花秋月"，叙离别不离"柳岸灞桥"；做生意都有"端木遗风"，到现在铅字排印书籍还是"杀青""付梓"。像这样例子举不胜举，它们是从前人所谓"套语"，我们所谓"滥调"。一件事物发生时立即使你联想到一些套语滥调，而你也就安于套语滥调，毫不斟酌地使用它们。这就是近代文艺心理学家所说的"套板反应"（Stock Response）。一个人的心理习惯老是倾向"套板反应"，他就根本与文艺无缘，因为"套板反应"和创造的动机是水火不相容的。他在用字用词上离不掉"套板反应"，在运思布局上面，在整个人生态度上也就难免如此。不过习惯的力量之深广非我们意料所及。照习惯活动新创省力，所以我们常不知不觉地一滑就滑到"套板反应"里去。你如果随便在报章挑一段文章来分析，你就会发现那里面的意思和词句大都是由"套板反应"起来的。比如说我写这一段文字顺着笔写下"水火不相容"一个套语，这比喻在从前初被人用时本很恰当，到现在用得太滥，就不能发生多大影响了。"水火不相容"比"不相容"并不能把意思说得更明白些，只多一点滥调的意味。若是我着意在做很谨严的文章，我就宁愿删去"水火"两字，否则就要设法找一个较新鲜的比喻。韩愈谈他自己做古文"惟陈言之务去"，这是一句最紧要的教训。语言跟着思想和情感走，你不肯用俗滥的语言，自然也就不肯用俗滥的思想情感，你遇事就会朝深一层去想，你的文章就真正是"作"出来的。

以上只是随便举几个实例，说明咬文嚼字的道理。其实例子举不尽，道理也说不完。我希望读者从这个粗枝大叶的讨论中，可以领略咬文嚼字的精神。本着这个精神，他随处留心思索，无论是阅读或是写作，就会逐渐养成创作和欣赏都必需的好习惯。他不能懒，不能粗心，不能受一时兴会所生的幻觉而轻易自满。文章是艰苦的事，只有刻苦自励，努力推陈翻新，他才会达到艺术的完美。

一个消逝了的山村

冯 至

在人口稀少的地带,我们走入任何一座森林,或是一片草原,总觉得它们在洪荒时代大半就是这样。人类的历史演变了几千年,它们却在人类以外,不起一些变化,千百年如一日,默默地对着永恒。其中可能发生的事迹,不外乎空中的风雨、草里的虫蛇、林中出没的走兽和树间的鸣鸟。我们刚到这里来时,对于这座山林,也是那样感想,绝不会问到:这里也曾有过人烟吗?但是一条窄窄的石路的残迹泄露了一些秘密。

我们走入山谷,沿着小溪,走两三里到了水源,转上山坡,便是我们居住的地方。我们住的房屋,建筑起来不过二三十年,我们走的路,是二三十年来经营山林的人们一步步踏出来的。处处表露出新开辟的样子,眼前的浓绿浅绿,没有一点历史的重担。但是我们从城内向这里来的中途,忽然觉得踏上了一条旧路。那条路是用石块砌成,从距谷口还有四五里远的一个村庄里伸出,向山谷这边引来,先是断断续续,随后就隐隐约约地消失了。它无人修理,无日不在继续着埋没下去。我在那条路上走时,好像是走着两条道路,一条路引我走近山居,另一条路是引我走到过去。因为我想,这条石路一定有一个时期宛宛转转地一直伸入谷口，在谷内溪水的两旁，现在只有树木的地带，曾经有过房屋，只有草的山坡上，曾经有过田园。

　　过了许久，我才知道，这里实际上有过村落。在七十年前，云南省的大部分，经过一场浩劫，回汉互相仇杀，有多少村庄城镇在这时衰落了。当时短短的二十年内，仅就昆明一个地方说，人口就从一百四十余万降落到二十五万。这里原有的山村，是回民的，还是汉人的，是一次便毁灭了呢，还是渐渐地凋零下去，我们都无从知道，只知它们是在回人几度围攻省城时成了牺牲。现在就是一间房屋的地基都寻不到了，只剩下树林、草原、溪水，除却我们的住房外，周围四五里内没有人家，但是每座山，每个幽隐的地方还都留有一个名称。这些名称现在只生存在从四邻村里走来的，砍柴、背松毛、放牛牧羊的人们的口里。此外它们却没有什么意义；若有，就是使我们想到有些地方曾经和人发生过关系，都隐藏着一小段兴衰的历史吧。

　　我不能研究这个山村的历史，也不愿用想象来装饰它。它像是一个民族在世界里消亡了，随着它一起消亡的是它所孕育的传说和故事。我们没有方法去追寻它们，只有在草木之间感到一些它们的余韵。

　　最可爱的是那条小溪的水源，从我们对面山的山脚下涌出的泉水；它不分昼夜地在那儿流，几棵树环绕着它，形成一个阴凉的所在。我们感谢它，若是没有它，我们就不能在这里居住，那山村也不会曾经在这里滋长。这清冽的泉水养育我们，同时也养育过往日那村里的人们。人和人，只要是共同吃过一棵树上的果实，共同饮过一条河里的水，或是共同担受过一个地方的风雨，不管是时间或空间把他们隔离得有多么远，彼此都会感到几分亲切，彼此的生命都有些声息相通的地方。我深深理解了古人一首情诗里的句子："日日思君不见君，共饮长江水。"

其次就是鼠曲草。这种在欧洲非登上阿尔卑斯山的高处不容易采撷得到的名贵的小草。在这里每逢暮春和初秋却一年两季地开遍了山坡。我爱它那从叶子演变成的，有白色茸毛的花朵，谦虚地掺杂在乱草的中间。但是在这谦虚里没有卑躬，只有纯洁，没有矜持，只有坚强。有谁要认识这小草的意义吗？我愿意指给他看：在夕阳里一座山丘的顶上，坐着一个村女，她聚精会神地在那里缝什么，一任她的羊在远远近近的山坡上吃草，四面是山，四面是树，她从不抬起头来张望一下，陪伴着她的是一丛一丛的鼠曲从杂草中露出头来。这时我正从城里来，我看见这幅图像，觉得我随身带来的纷扰都变成深秋的黄叶，自然而然地凋落了。这使我知道，一个小生命是怎样鄙弃了一切浮夸，孑然一身担当着一个大宇宙。那消失了的村庄必定也曾经像是这个少女，抱着自己的朴质，春秋佳日，被这些白色的小草围绕着，在山腰里一言不语地负担着一切。后来一个横来的运命使它骤然死去，不留下一些夸耀后人的事迹。

雨季是山上最热闹的时代，天天早晨我们都醒在一片山歌里。那是些从五六里外趁早上山来采菌子的人。下了一夜的雨，第二天太阳出来一蒸发，草间的菌子，俯拾皆是：有的红如胭脂，青如青苔，褐如牛肝，白如蛋白，还有一种赭色的，放在水里立即变成靛蓝的颜色。我们望着对面的山上，人人踏着潮湿，在草丛里，树根处，低头寻找新鲜的菌子。这是一种热闹，人们在其中并不忘却自己，各人盯着各人眼前的世界。这景象，在七十年前也不会两样。这些彩菌，不知点缀过多少民族童话，它们一定也滋养过那山村里的人们的身体和儿童的幻想吧。

这中间，高高耸立起来那植物界里最高的树木，有加利树。有时在月夜里，月光把被微微摇摆的叶子镀成银色，我们望着它每瞬间都在生长，仿佛把我们的身体，我们的周围，甚至全山都带着生长起来。望久了，自己的灵魂有些担当不起，感到悚然，好像对着一个崇高的严峻的圣者，你若不随着他走，就得和他离开，中间不容有妥协。——但是，这种树本来是异乡的，移植到这里来并不久，那个山村恐怕不会梦想到它，正如一个人不会想到他死后的坟旁要栽什么树木。

秋后，树林显出萧疏。刚过黄昏，野狗便四出寻食，有时远远在山沟里，有时近到墙外，作出种种求群求食的嗥叫的声音。更加上夜夜常起的狂风，好像要把一切都给刮走。这时有如身在荒原，所有精神方面所体验的，物质方面所获得的，都失却了功用。使人想到海上的飓风、寒带的雪潮，自己一点也不能作主。风声稍息，是野狗的嗥声，野狗声音刚过去，松林里又起了涛浪。这风夜中的嗥声对于当时的那个村落，一定也是一种威胁，尤其是对于无眠的老人、夜半惊醒的儿童和抚慰病儿的寡妇。

在比较平静的夜里，野狗的野性似乎也被夜的温柔驯服了不少。代替野狗的是麂子的嘶声。这温良而机警的兽，自然要时时躲避野狗，但是逃不开人的诡计。月色矇眬的夜半，有一二猎夫，会效仿麂子的嘶声，往往登高一呼，麂子便成群地走来。……据说，前些年，在人迹罕到的树丛里还往往有一只鹿出现。不知是这里曾经有过一个繁盛的鹿群，最后只剩下了一只，还是根本是从外边偶然走来而迷失在这里不能回去呢？反正这是近乎传说了。这美丽的兽，如果我们在庄严的松林里散步，它不期然地在我们对面出现，我们真会像是Saint Eustache一般，在它的两角之间看见了幻境。

　　两三年来，这一切，给我的生命许多滋养。但我相信它们也曾以同样的坦白和恩惠对待那消失了的村庄。这些风物，好像至今还在述说它的运命。在风雨如晦的时刻，我踏着那村里的人们也踏过的土地，觉得彼此相隔虽然将及一世纪，但在生命的深处，却和他们有着意味不尽的关连。

一九四二年写于昆明